二胎生育全攻略

ERTAI SHENGYU QUAN GONGLUE

主　编　张迎春

副主编　张　花　韩红伟　陈　明

编　委　（按姓氏拼音排序）

陈　明　陈　琛　代　莉　崔新生
戴少莲　高　凯　高亚萍　郭希庆
韩红伟　姜朵生　罗彩娥　李　华
李满琴　李芳园　李兰荣　李艳波
林　云　吴曼玲　徐淑琴　余　盼
喻磊杰　尹　燕　张　花　张迎春
张小荣　赵　倩

长江出版传媒　湖北科学技术出版社

图书在版编目(CIP)数据

二胎生育全攻略/张迎春主编. --武汉:湖北科学技术出版社，2014.6

ISBN 978-7-5352-6647-7

Ⅰ. ①二… Ⅱ. ①张… Ⅲ. ①计划生育—人口政策—中国 Ⅳ. ①C924.21

中国版本图书馆 CIP 数据核字(2014)第 065900 号

责任编辑:冯友仁　李青　高雅琪　　封面设计:戴旻

出版发行:湖北科学技术出版社　　电话:027－87679447

地　　址:武汉市雄楚大街 268 号　　邮编:430070

(湖北出版文化城 B 座 13－14 层)

网　　址:http://www.hbstp.com.cn

印　　刷:武汉珞珈山学苑印刷有限公司　　邮编:430072

787×1092　1/16　13 印张　200 千字

2014 年 6 月第 1 版　　2014 年 6 月第 1 次印刷

定价:29.80 元

前言

我国自20世纪80年代开始提出的，以汉族独生子女政策为核心内容的“中国计划生育政策”，对国计民生、国家兴旺、民族繁荣产生了很多正面影响。随着新时期我国人口结构发生重大变化，生育水平日趋降低、人口结构性问题日渐突出、社会居民生育意愿逐渐理性、家庭模式慢慢缩减，政府从完善人口结构出发，开始实施生育政策的改革。从之前“放开双独”，以及某些省份农村地区实施的“一孩半”政策，到现在的“单独二胎”政策，无不体现着政府对国家人口的调控以及把生育愿望还给人民的决心。

就目前而言，实施“单独二胎”政策，有利于保持合理的劳动力规模，延缓人口老龄化速度，促进经济持续健康发展，为实现中华民族伟大复兴的“中国梦”创造良好的人口环境；有利于逐步实现国家政策与群众意愿的统一，提升家庭抵御风险的能力，增强家庭养老照料功能，促进家庭幸福与社会和谐；有利于稳定适度的低生育水平，促进人口长期均衡发展，促进人口与经济、社会、资源、环境的协调和可持续发展。然而，作为“二胎子女”的父母，我们应该做些什么呢？

为此，湖北省妇幼保健院张迎春主任结合当前国情，以及“二胎父母”特定的身体素质条件，组织编写了这本《二胎生育全攻略》一书，供拟生“二胎”的夫妇阅读参考，以期更好地达到优生优育的目的。本书共分为5篇，包括我国现行生育政策解读、二胎父母的必备条件、生育二胎父母体质调养及注意事项、生育二胎障碍因素及治疗、二胎孕期及产生的注意事项等章节，从孕前、孕期及哺乳期的饮食起居调护、优生优育项目、各种不孕因素的检查和治疗等方面进行了介绍。采用问答这种最通俗的表现形式，解决“二胎父母”最关心的问题。

本书集合了湖北省妇幼保健院相关专业医生的集体智慧，大家共同努力，最终完成书稿。其中难免存在不足、疏漏或不妥之处，敬请指正。

本书编委会
2014 年 2 月

目 录
Contents

第一篇　生育政策解读

第二篇　生育二胎父母的必备条件

第三篇　生育二胎父母的体质调养及注意事项

第四篇　生育二胎的障碍因素及其治疗

第五篇　生育二胎孕期及产后的注意事项

第一篇

生育政策解读

1. 什么是生育政策？

生育政策是指由国家制定或在国家指导下制定的规范育龄夫妇生育行为（包括生育数量和质量）的准则。中国现行生育政策主要是：国家鼓励公民晚婚晚育、提倡一对夫妻生育一个子女；符合法律、法规规定条件的，可以要求安排生育第二个子女。具体办法由省、自治区、直辖市人民代表大会或者其常务委员会根据当地的经济、文化发展水平和人口状况规定。少数民族实行计划生育的办法由省、自治区、直辖市人民代表大会或者其常务委员会规定。《人口与计划生育法》把国家确定的现行生育政策法律化、制度化，从法律上确定了中国现行的基本生育政策。

2. 何为“一胎政策”？

男女双方均未生育，经依法登记结婚后，可以自愿安排生育第一个子女。

3. “单独二胎”实施以前，我国“二胎政策”是怎样的？

推行一对汉族夫妻生育一个子女。符合下列特殊情况之一者，由夫妻双方共同申请，经县级（含县级市、区，下同）计划生育行政部门审批，可按人口计划及间隔期规定安排再生育一个子女。

(1)经市（不含县级市）以上病残儿医学鉴定组织鉴定，独生子女患非遗传性残疾，不能成长为正常劳动力的。

(2)再婚夫妻，一方生育过一个子女，另一方未生育过的；或再婚前双方各生育过一个子女，离婚时依法判决或离婚协议确定子女随前配偶，新组合家庭无

子女的。

(3)婚后5年以上不孕,经县级以上医疗保健机构鉴定患不孕症,依法收养一个子女后又怀孕的。

(4)独生子与独生女结婚的。

(5)夫妻中一方在矿山井下、海洋深水下的工作岗位作业连续5年以上,现仍从事该项工作的。

(6)夫妻双方均属农业人口,第一个子女是女孩的。

4. 何为独生子女?

独生子女,简言之,就是没有兄弟姐妹的孩子。独生子女除了与父母之间的亲子关系外,没有兄弟姐妹这层关系。按下列标准确定:①夫妻双方只生育一个子女或所生育子女只有一个存活的;②无子女的夫妻依法只收养一个子女的;③由社会福利机构抚养成人且没有兄弟姐妹的;④只生育一个子女的夫妻离异后,一方依法与该子女共同生活。

5. "单独二胎"实施以前,"二胎政策"条件之外的特殊政策是怎样的?

(1)无违反生育政策多生子女。

(2)夫妻双方提出生育申请。

(3)家庭环境有利于子女的健康成长。

(4)具备下列条件之一。

1)夫妻依法收养一个子女后又怀孕的。

2)再婚前一方已生育过两个子女,另一方未生育过,现家庭无子女的夫妻。

3)再婚前双方各生育过一个子女,现家庭无子女的夫妻。

4)再婚前双方各生育过一个子女,其中一方丧偶,现家庭只有一个子女的夫妻。

5)夫妻生育的第一胎子女为双胞胎,经社区的市以上病残儿童鉴定机构确诊,两个子女都为非遗传性残疾,不能成长为正常劳动力的。

6)夫妻生育的第一胎子女为遗传性残疾，不能成长为正常劳动力的，国家《病残儿医学鉴定诊断标准及其父母再生育的指导原则》(国家计生委第7号令附件)规定，通过产前诊断和筛选，可以再生育的。

7)再婚夫妻再婚前双方曾生育子女合计不超过两个、再婚后现家庭有一个经市以上病残儿童鉴定机构确诊为病残儿、不能成长为正常劳动力的。家庭无子女，是指夫妻新组合的家庭无未成年子女，再婚前所生的未成年子女依法院判决或离婚协议随前配偶生活。

8)再婚前双方曾生育子女合计为两个，现家庭只有一个子女的夫妻。

6. 何为“单独二胎”?

“单独二胎”是指夫妻双方一人为独生子女，第一胎非多胞胎，即可生二胎。准确来说应该是“单独二孩”，不是“单独二胎”。随着第一代独生子女进入生育高峰，2013年计划生育成为热点话题，在十八届人大会议上多位委员和党派提案都涉及计划生育独生子女政策的修改和完善。

2013年11月15日，十八届三中全会通过的《中共中央关于全面深化改革若干重大问题的决定》对外发布，其中提到“坚持计划生育的基本国策，启动实施一方是独生子女的夫妇可生育两个孩子的政策”，这标志着“单独二孩”政策将正式实施。该政策于2013年重启，并计划于2013年底或2014年初试行。同时，关于2015年之后全面放开“二胎”的政策也正在拟议中。2013年12月23日，十二届全国人大常委会第六次会议审议国务院关于提请审议《关于调整完善生育政策的决议(草案)》(以下简称决议(草案))的议案。2014年1月17日起，浙江省开始实施“单独二胎”政策；江西省2014年1月18日开始实施“单独二胎”政策；2014年1月23日起，安徽省开始实施“单独二胎”政策；天津市2014年2月14日起开始实施“单独二胎”政策；2014年2月21日，北京市开始实施“单独二胎”政策。各省市陆续出台了相关政策。

7. 双胞胎家庭能否再生育二胎？

国家卫生计生委相关人士明确指出，按照严格意义上来说，此次的新政应该简称为“单独二孩”更为准确。《中共中央关于全面深化改革若干重大问题的决定》中就明确提出，坚持计划生育的基本国策，启动实施一方是独生子女的夫妇可以生育“两个孩子”的政策。也就是说，如果“单独家庭”的第一胎生的是双胞胎或多胞胎的话，那该家庭就不再适用此次的新政了。

8. “单独二胎”政策是全国统一还是各地不同？

国家出台的《人口与计划生育法》是全国都必须遵循的基本法。对二胎的生育政策由各省、自治区或直辖市分别制定、颁布并实施，即《某某省人口与计划生育条例》。目前，全国各省的《计生条例》依各省的情况而定，一般都有十几种政策，都不完全相同。

9. “单独二胎”政策实施以后会造成哪些影响？

从政策影响的先后时间来看，首先是母婴医药产业；其次是奶粉、尿不湿等初生婴儿用品相关产业；再次是儿童服饰、家具、童车、玩具等相关产业；最后是动漫、钢琴、文具等文化教育相关产业。然而，“单独二胎”也对医院、幼儿园、学校等公共资源造成一定压力。

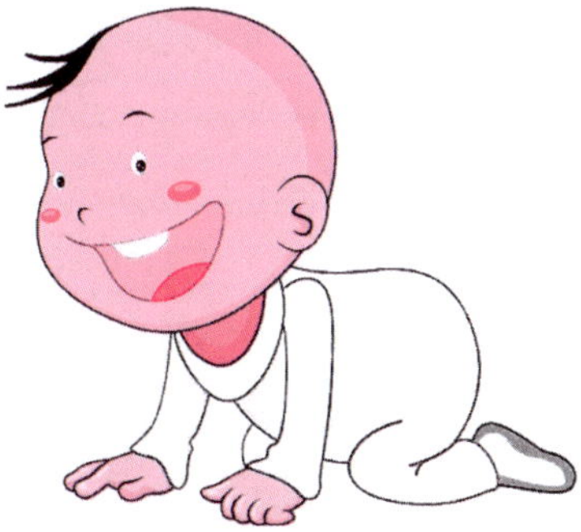

“单独二胎”之于国家：优化人口结构，缓解人口衰减。从长远来看，“单独二胎”政策的实施确实可以缓解我国劳动力减少、人口总量逐步衰减的压力，而且我们国家这些年发展得这么快确实离不开人口红利的作用。这对社会显而易见是一件好事。但是具体到用人单位本身，那些抱怨归抱怨，但是不得不承认保护女性权益的必要性和原则性，劳动法的规定很明确，不能只看眼前利益，而忽略长远效益，不能忽略用人单位的社会责任。而且，对于那些有资格生二胎但是没有生的，企业还应该给予适当奖励，当然，女性生育权一定要得到保护，也要尽量兼顾用人单位利益。总的来说，“单独二胎”的改革对于家庭、企业、社会都是利大于弊。

“单独二胎”之于家庭：家庭更温馨，孩子成长不孤单。据一项调查显示，在“单独二胎”改革启动后，符合独生子女条件的育龄夫妻，愿意生二胎的占到47%，还在犹豫和观望中的占到30%，而没有打算生二胎的只有23%。这说明，大多数符合条件的育龄夫妻，还是有生二胎的意愿或者准备的。这项调查还显示，学历高、经济实力强的男性往往生育二胎的意愿更强。而从地域上来看，像北京、上海这种大城市，生育意愿往往不如中西部中小城市高。北京大学社会学系教授夏学銮认为，二胎政策的放宽，在一定程度上解决了独生子女独立性差、耐受挫折性差、精神孤独、以自我为中心等不良特征。

“单独二胎”之于你我：生育成本偏高，生好也要养好。从成长环境和性格养成上看，虽然“两孩”比独生子女似乎更有优势，但是很多人却不太愿意生“两孩”。虽然符合“单独二胎”的生育条件，但是一个孩子已经有压力了，要是再要一个，可能会影响生活水平。河南是人口大省，从2011年开始实施“双独二胎”政策后，一直到2013年，总共生育二胎的家庭也只有600多个，占到符合“双独”政策家庭的10%都不到。北京大学人口所教授穆光宗谈到，政策的放开并不一定就是鼓励生育，社会生养成本确实比以前高，尤其是北上广等大城市居民担心的是，多养活一个孩子不仅成本更高，更重要的是要分担更多的精力，而如何做到优生还要优育才是关键。

“单独二胎”之于社会：调整家庭结构，应对老龄化社会。“单独二胎”确实有利于家庭的结构优化。“421”的家庭结构已经成为近些年社会家庭的一种单一模式，也就是两代有的甚至三代都是独生子女家庭，两个独生子女组成的家庭要负担赡养双方父母以及抚养孩子的责任，这样赡养上一代的压力和抚养下一代的压力都会加大，使得社会家庭结构更加脆弱和单一，不利于家庭抵抗风险的能力，不利于孩子个人的成长，也不利于老人的照料。“尤其是我国已经提前进入老龄化社会，空巢老人和失独家庭这些群体将成为一种社会现象而存在，如果‘单独二胎’改革政策实施后，虽然短期不可能解决老龄化社会的诸多问题，但是从长期来看，还是可以有效缓解老龄化面临的一些挑战。”穆光宗教授说。据统计，截止到 2013 年，我国失独家庭累计有 110 万个左右，且这个数字每年都在增长。王桥的观点是，一旦“单独二胎”政策开始实施，将有更多的人会有资格生育二胎，这样的话，失独家庭和空巢老人的现象都会减少，老有所养将会更加容易实现。

“单独二胎”之于婚姻：择偶观有变化。我国男女比例严重失衡，据第六次人口普查数据显示，男女出生性别比为 116.9∶100，有些省份高达 130∶100。如果这种情况得不到改善，到 2020 年，中国处于婚龄的男性人数将比女性多出 3 000 万到 4 000 万，这意味着平均 5 个男性中将有一个找不到配偶。男女比例出现失衡的局面主要归咎于第一胎男婴比例偏高，故而实施“单独二胎”政策有利于缓解我国日趋失调的男女比例，减少我国“光棍”的数量。“单独二胎”政策经媒体披露后，找个独生子女生二胎的话题在很多“非独”青年中引起热议。计划生育政策改革已经启动，年轻人的择偶观也已在一部分希望要二胎的年轻人心中悄然改变。

“单独二胎”之于未来：我们是否已准备好了。在全世界人口最多的国家，生育政策的调整有着“牵一发而动全身”的巨大影响。受访专家普遍表示，“单独二胎”放开后，新旧政策如何衔接，配套政策如何跟进，这些问题更需要周全考虑。另外，要做好教育、医疗等公共服务的应对准备。引导育龄夫妇合理安排生育计划，做好包括产科床位配备、人员储备和培训等在内的相关配套工作，尽量减轻给公共服务领域带来的压力。“放开‘单独二胎’政策只是完善生育政策、促进人口发展的第一步。下一步政策的调整主要取决于对于第一步政策的评估。在第一步调整的过程中出现新问题怎么去认定，怎么去解决，都可能会对第二步的政策调整产生一定影响。”穆光宗说。

10. 准生证办理流程是怎样的？

已婚育龄妇女生育子女应办理如下有关手续，凭《准生证》到孕检或接生单位检查、生育。

(1)符合《条例》规定可生育第一个子女的已婚育龄夫妻，应在怀孕3个月后至生育前持《准生证》到女方户籍所在地乡、民族乡、镇、街道计划生育工作机构或者县级以上直属农林场办理有关登记手续，发证机构核实其本人婚育状况后，符合生育规定的，应即时在其《准生证》上按有关规定如实填写登记，加盖公章。

(2)符合《条例》规定可再生育一个子女的已婚育龄夫妻，应当共同向女方户籍所在地乡、民族乡、镇、街道计划生育工作机构或者县级以上直属农林场(以下简称审批机构)提出生育申请，待审批后方可怀孕。再生育一个子女的申请、审批按下列程序办理。

1)申请人携带身份证、户口簿、结婚证、子女出生医学证明等有效证件以及女方近期孕检证明，并同时附加符合特殊情况再生育一个子女的证明材料，持《服务证》到女方户籍所在地村(居)民委员会提出申请，填写一式四份的《再生育申请表》。其中，第一个子女为残疾儿的，应有地级以上市病残儿医学鉴定组织的鉴定结论材料；再婚的，应附有法院民事调解书或判决书或离婚协议书或丧偶的死亡证明书；患不孕症的，应有县级以上医疗、保健机构出具的鉴定书；独生子与独生女结婚的，要出具父母户籍所在地乡镇(街道)计划生育工作机构出具的只生一个子女的证明材料等。

2)申请人有工作单位的，应将填写好的《再生育申请表》先交其所在单位加具意见后，再分别交男、女方户籍所在地村(居)民委员会审核并加具意见。

3)村(居)民委员会接到申请人的《再生育申请表》3个工作日内加具意见，将加具意见的《再生育申请表》连同申请人其他证明材料在5个工作日内送交到女方户籍所在地审批机构审批。

4)审批机构接到《再生育申请表》后10个工作日内审批,审批后及时将《再生育申请表》发还村(居)民委员会,并在审批完结后5个工作日内报县级以上计划生育部门备案。审批机构审批再生育的申请,采取集体讨论的办法进行,对符合生育规定的,签署同意意见;对不符合生育规定的,签发《不予安排再生育一个子女通知书》。

5)村(居)民委员会收到发证机构的审批意见后,应将审批可再生育一个子女的已婚育龄夫妻名单张榜公布30日,接受群众监督。张榜公布期满,群众无异议的,村(居)民委员会将持证人《服务证》送审批机关办理登记手续,加盖公章后再送还申请人。

对群众有异议的,审批机构应会同村(居)民委员会进行调查核实,调查结果符合生育规定的,应再次张榜公布30日,并注明调查复核结果;不符合生育规定的,由审批机构撤销审批,签发《不予安排再生育一个子女通知书》,并将《准生证》退回申请人。

11. 准生证遗失后如何补办?

遗失补办手续由其父母提出书面申请,并提交如下材料。

(1)原接生医院提供的新生儿出生医学记录、办理《出生医学证明》的具体时间或出生证号。

(2)父母双方户口簿及身份证、结婚证。

经核实情况属实给予补发,同时登记备案。未办理户籍手续前遗失《出生医学证明》的,补发《出生医学证明》正、副页;办理户籍手续后遗失的,只补发《出生医学证明》正页。

1)法定作用:①证明在中华人民共和国境内的出生人口出生时的健康及自然状况;②证明出生人口的血亲关系;③作为新生儿获得国籍的医学依据;④作为户籍登记机关进行出生人口登记的医学依据;⑤作为新生儿依法获得保健服务的凭证;⑥为其他必须以《出生医学证明》为有效期限的事项提供依据。

2)无效证明:下列情况时《出生医学证明》视为无效。①手写《出生医学证明》;②《出生医学证明》被私自涂改;③私自拆切《出生医学证明》副页;④《出生医学证明》未加盖出生医学证明专用章;⑤非法印制的《出生医学证明》。

12. 二胎子女如何上户口?

根据我国现行户口登记办法办理出生登记应持下列证件证明。

(1)婴儿出生医院填发的《出生医学证明》;丢失《出生医学证明》的,到原发证医疗机构补办后办理;无《出生医学证明》的,到妇幼保健院及相关医院开具证明后办理。

(2)婴儿父亲、母亲的《居民户口簿》、《居民身份证》、《结婚证》。

(3)婴儿母亲户口所在地计划生育部门出具的《生育服务证》(随父申报出生登记的,该证需到母亲户口所在地计划生育部门办理迁出手续)。

(4)婴儿父母系驻京部队现役军人的,还需提供所在部队团以上政治部门证明及本人身份证件。

(5)超计划生育、非婚生婴儿等违反法律法规规定生育的,须持(1)、(2)项证件证明及婴儿母亲或父亲户口所在地计划生育部门开具的《缴纳社会抚养费证明》,非婚生婴儿同时提供亲子鉴定证明并须经派出所所长审批。

(6)在港、澳、台及国外出生的婴儿,须持国外或境外医疗机构出具的出生证明原件、复印件及翻译机构出具的出生证明翻译件;我驻外使领馆签发的《中华人民共和国旅行证》或《护照》;婴儿父亲、母亲的《居民户口簿》、《居民身份证》、《结婚证》;《生育服务证》或缴纳社会抚养费证明或区县计生部门出具的同意入户证明。

13. 二胎子女是否需要缴纳社会抚养费？

根据《中华人民共和国人口与计划生育法》的规定，公民违反一对夫妻生育一个子女的政策或各省、自治区、直辖市人民代表大会或常委会关于“生育二胎”规定生育二胎子女的，应当依法缴纳社会抚养费。

14. 二胎子女生育保险能报销吗？

对于符合计划内生育第二个孩子，是可以报销的。需携带经市或区人口计划生育行政部门批准的《再生育子女告知书》原件及复印件（其他材料同一胎的材料）。

生育第二胎符合计划生育政策（即有准生证的），连续足额缴纳生育保险费满一年以上（参保时间从社会保险机构收到社会保险费之日起计算，补缴的不算），可以享受生育保险待遇；顺产享受医疗费 1 500 元和 3 个月生育津贴，剖宫产享受医疗费 3 500 元和 3 个半月生育津贴，生育津贴以职工本人上年度月平均缴费工资为标准发放。

15. 生育二胎可以休产假吗？

只要符合计划生育政策，均可依法享受相应的产假及相关福利待遇。一般单胎顺产为 90 天，难产或多胞胎各相应增加 15 天。有些地方有晚育假，但不适合二胎。生育二胎不是晚育，故晚育假 30 天和其配偶的晚育护理假 3 天无法享受。各地可能有不同，可咨询所在地计生委。根据劳动法有关规定，享受产假以不违反计生政策为前提，如果不违反计生政策，可依法享受产假期等待遇。这些法条包括如下内容。

《劳动法》第 62 条规定，女职工生育享受不少于 90 天的产假。

《妇女权益保障法》第 26 条规定，任何单位均应根据妇女的特点，依法保护妇女在工作和劳动时的安全和健康，不得安排不适合妇女从事的工作和劳动。妇女在经期、孕期、产期、哺乳期受特殊保护。

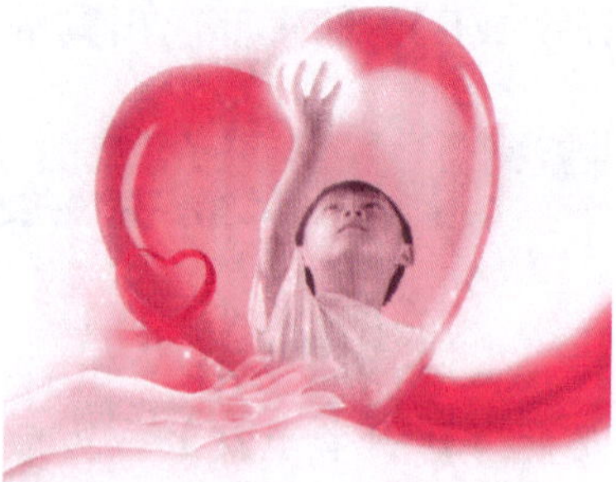

《女职工保护规定》第 8 条，女职工产假为 90 天，其中产前休假 15 天。难产的，增加产假 15 天。多胞胎生育的，每多生育一个婴儿，增加产假 15 天。

女职工怀孕流产的，其所在单位应当根据医务部门的证明，给予一定时间的产假。第 15 条规定，女职工违反国家有关计划生育规定的，其劳动保护应当按照国家有关计划生育规定办理，不适用本规定。

第二篇

生育二胎父母的必备条件

1. 怀二胎整个家庭需要做好哪些准备?

想要生二胎的家庭,从父母到孩子都要做好充分的心理准备。对许多家庭来说,第一个孩子一直是家中独苗,他们习惯了独生子女的身份,突然家里开始讨论再需要一个孩子,他们内心可能会有想法。因此,母亲在要第二个孩子之前,需要跟第一个孩子做充分地沟通,但不要居高临下,要像朋友一样平等沟通,充分了解彼此的想法,说明有了弟弟妹妹后对他或她带来哪些益处,等第一个孩子理解同意及达成协议后再着手准备生二胎。父母双方也需要慎重决定,母亲怀二胎前需要处理好怀孕与事业的关系,十月怀胎,有人担心怀孕会影响事业的发展,有人认为对事业影响不大,视个人情况而定。怀二胎还需要看个人精力而定,两个孩子均要有人照顾。父亲方面不仅需要抽出更多的时间陪伴第一个宝宝,还要照顾怀孕的妻子,同时不可忽略经济方面的因素。只有各个方面的条件具备后,才能放心、大胆地迎接第二个宝宝的来临。

2. 怀二胎前夫妻需要做哪些准备?

年轻夫妇双方健康、无不良孕产史,一般再次妊娠的风险较低;若存在影响妊娠的相关疾病,或有不良孕产史,准备生二胎前,建议对相关疾病进行治疗、评估,并进行优生咨询。而对于年龄大于 35 岁、出现月经周期改变的,应注意是否存在生育能力显著下降。此外高龄妇女准备再次妊娠,建议孕前进行相关检查。

3. 怀二胎对于夫妻双方的年龄有哪些要求？

要第二个孩子时，女性最好不要超过 35 岁，以免增大自身和胎儿风险；男方也要考虑年龄因素，资料显示，如果父亲超过 40 岁，子女发生畸形的风险会增加一倍。

4. 高龄妇女怀二胎应做哪些检查？

30 岁以后准备当妈妈的女性，怀孕前务必做好常规妇检、子宫彩超以及血型、血压、血糖监测等内科检查，弄清是否有不适合怀孕或高风险疾病，如高血压、糖尿病、甲亢等。在计划怀孕前 3 个月服用叶酸，远离烟、酒、咖啡等，少吃海鲜、山楂等食物；平时可进行适度锻炼，保持良好的精神状态。

5. 高龄妇女能借助试管婴儿圆梦吗？

随着女性年龄的增长，生育能力会逐渐下降。25 岁到 35 岁的女性做试管婴儿的成功率一般在 40%左右，有的能达到 50%或者更高一些，但是到了 35 岁以后成功率逐渐下降，到 40 岁以后其成功率不足 20%，原因是年龄大了以后，卵子的质量和数量都有所下降，而且胚胎发育异常概率明显增高。

6. 隔多少年生二胎更合适？

医学认为，从优生优育的角度来看，育龄产妇再次生育应有 1～2 年间隔期，尤其第一胎系剖宫产的孕妇，再次生育需间隔 2 年以上。从心理和儿童成长角度上看，第一个孩子和第二个孩子最佳的间隔时期是 2 年以上、5 年以内，这样两个孩子的相处才会比较融洽。

7. 能正常怀孕需要具备的条件有哪些？

女方有发育正常的输卵管、卵巢和子宫；卵泡能正常发育成熟并排出；输卵管通畅及功能健全；子宫大小形态及子宫内膜正常。

男方有足够量且活力正常的精子，禁欲 3～6 天精子密度和活力比较理想；精液在 30 分钟左右液化，以便精子向子宫腔游动。

如果以上生育的某个环节或多个环节存在缺陷，就不能受孕。

8. 怀孕及分娩的最佳季节

春天是万物复苏之季，春末受孕也具有得天独厚的优势。春末，即每年 4 月左右，气候温和，地气生发，万物复苏。青年人精神饱满，生机勃勃。若在春末受孕，有利于精、卵结合发育。妊娠 3 个月后，正是胎儿大脑及神经系统形成的时期，而这个时候正是秋高气爽的金秋收获季节，五谷丰登，果蔬丰富；有利的天时不仅使孕妇感到愉悦，还能使各种营养素都得到充分的保证。同时，适度适量的阳光照射，对孕妇的身心健康及胎儿的发育大有益处。这样顺春、夏、秋、冬四季而孕育，达到了“季节优生”的目的。立秋之后，即公历 8 月 8 日～9 月 8 日，也是最佳受孕季节，此时受孕，分娩在夏季。夏季天地气交合，万物繁茂，一些野生哺乳动物亦在此季生育幼仔，根据生物有相同“生物韵律”的理论，5～6 月是推荐的优生季节。推荐如下。

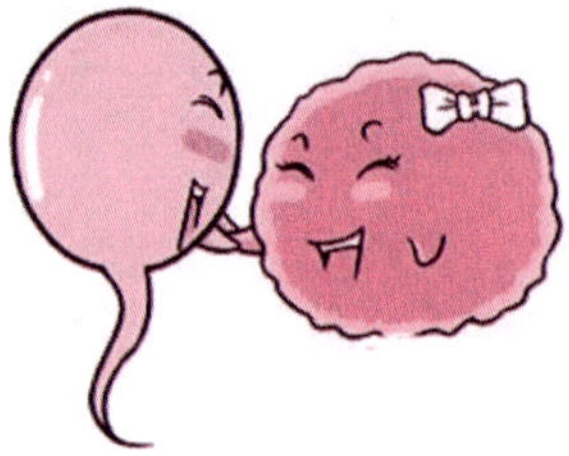

怀孕在 12 月～1 月，分娩在 9～10 月，这样妊娠避免冬季，有利于室外散步，有利于胎儿大脑皮层发育。

怀孕在 8～9 月，分娩在 4～5 月，这样妊娠期避免了酷暑，分娩亦气候适宜，哺育婴儿方便。

当然，每个人有自己的想法，理想季节也不是绝对的，可以根据自己的实际情况来安排。

9. 40岁以后能怀孕吗？

如《内经·上古天真论》言："女子七岁肾气盛，齿更发长。二七天癸至，任脉通，太冲脉盛，月事以时下，故有子。三七肾气平均，故真牙生而长极。四七筋骨坚，发长极，身体盛壮。五七阳明脉衰，面始焦，发始脱。六七阳气衰于上，面皆焦，发始白。七七任脉虚，太冲脉衰少，天癸竭，地道不通，故形坏而无子也。"40岁以后女性的生殖能力较前降低，只要没有绝经，就有卵细胞的产生，是有可能怀孕的。保持良好的心态，如果想怀孕，请做好孕前准备。

10. 男性生育年龄持续多少年？

《内经·上古天真论》云："丈夫二八肾气盛，天癸至，精气溢泻，阴阳和，故能有子……五八肾气衰，发脱齿槁……七八肝气衰，筋不能动，天癸竭，精少，肾脏衰，形体皆极。"即男性自16岁开始有生育能力，到40岁生育能力开始减退，一般不超过56岁。对于体健肾气有余者，也可老而有子。理论上来说，男性的最佳生育年龄为25～35岁。这个年龄段的男性精力充沛，身体健壮，精子质量最高。随着年龄的增加，新生儿死亡率增长。如果父亲年龄超过40岁，子女发生畸形者增加1倍。有相关数据显示，智力和体力最好者出生时，其父亲平均年龄为29岁。

11. 月经是怎么产生的？

女婴出生时卵巢内已经有30万～60万个始基卵泡。10岁以后开始有少量卵泡发育，但不成熟。进入青春期后，由于下丘脑垂体促性腺激素分泌增加，卵巢内不同发育阶段卵泡发育，卵巢表面凹凸不平，一般每个月其中一侧卵巢有一个卵泡成熟、排卵。受卵泡发育成熟、激素分泌的影响，子宫内膜随之发生周期性变化，并定期脱落而出血即为月经。初潮一般在11～16岁之间，月经周期(两次月经来潮第一天的间隔时间为一周期)为(28±7)天，经期(月经维持的时间)3～7天，经量50～80毫升。初潮后的30年或更长的时间是女性性成熟期。

月经又称为月信，信而有期之意，所以定期两月一至，称为“并月”，三月一至，称为“季经”，一年一至，称为“避年”，还有终生不行经而受孕者，称为“暗经”。

12. 月经与生育有什么关系？

月经周期是一次卵细胞成熟、子宫内膜增殖为受精和怀孕做准备的历程。如怀孕，则月经停闭，胚胎发育；若未孕，受精卵被吸收，子宫内膜脱落，经血排出，即月经来潮。月经情况反映卵巢功能及性腺轴是否正常，并可了解生育能力。性腺轴控制女性发育、正常月经和性功能，而卵巢是性腺轴的主要器官，主要是产生卵子并排卵，合成并分泌甾体激素。有排卵的月经是有规律的，无排卵的月经是无规律的。有排卵的月经是卵巢有排卵和具备生育能力的标志之一。

反之月经紊乱，表现为月经周期、经期、经量、经色的异常，反映出排卵异常、性激素异常，或子宫内膜增殖异常，所以月经失调不易受孕，或孕后容易流产。

13. 受孕的过程是怎样的？

卵巢要排出正常的卵子；输卵管捡起卵子，输送卵子到正常的受精部位，即输卵管壶腹部等待受精。性交后精液积存在阴道内，精液内有大量的精子，活动的精子通过子宫到输卵管壶腹部与卵子相遇、受精，受精卵再经输卵管输送到子宫腔内，并在宫腔内“遨游”2～3天，寻找合适的落脚点，然后着床，在子宫腔内生长发育直至足月分娩。由于卵子和精子在体内的存活时间都比较短，所以要选择适当的时机性交才能受孕。但一般只有一个精子能和卵细胞受精，受精后立即产生某种物质，阻止其他精子进入。

14. 排卵的迹象有哪些？

阴道内分泌物增多，像鸡蛋清样清澈、透明、高弹性拉丝度长；基础体温上升 ；小腹坠痛（有部分女性会在排卵期内感到小腹稍微胀痛）；性欲增强（少部分人在排卵期内会感到情绪的莫名低落或兴奋，性欲方面也会出现波动，不过这并不是绝对，因人而异）；B 超监测，能更加直观地监测到卵泡形态、大小和成熟度，卵泡直径在 18～22 毫米，透声性好为最佳，显示三线征（一条宫腔线和两条基底线），为即将排卵和最理想易着床图像。

15. 什么是基础体温？如何测量基础体温？

基础体温（即 BBT）是指人经过 6～8 小时的睡眠以后，比如在早晨从熟睡中醒来，尚未受到运动饮食或情绪变化影响时所测出的体温。排卵后较排卵前基础体温上升 0.3～0.5℃。基础体温的测量方法：从来月经第一天起，睡觉前将体温表甩到 35℃以下，晨起安静状态下不翻身，不讲话，不穿衣，将体温表放在舌下量 5 分钟，每天记下体温的度数，一般测量 2～3 个月经周期或更长。

16. 测基础体温对生育期女性有什么意义？

基础体温（BBT）受卵巢雌、孕激素的影响而波动。排卵后卵巢分泌的黄体酮作用于下丘脑的温度中枢，使体温持续在较高水平，因此有排卵的基础体温为卵泡期低水平、黄体期高水平的双相曲线，测基础体温目的是了解有无排卵、估计排卵日期及黄体功能，并可以初步判断排卵日（体温最低）、月经来潮（体温由高温下降至排卵之前的体温）、相对安全期(排卵3天前和排卵1天后)、易受孕期。(因为精子排出后在女性生殖道3天时间内活力尚好,卵细胞排出1天内活力较好,所以排卵前3天至排卵后1天房事易受孕,以隔天房事一次为宜。虽然BBT双相中可能有10%者为卵泡不破裂综合征,但在我国现有的医疗条件下,BBT仍不失为一个无费用、有效的检查方法。

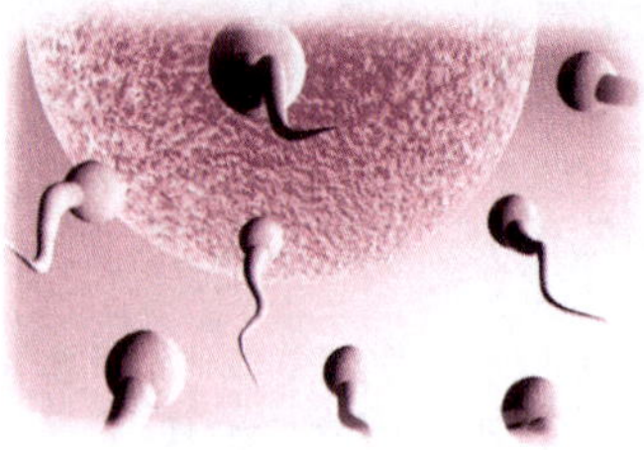

17. 卵泡监测对怀孕有何意义?

卵子是受孕的必要条件,发育良好的卵泡和正确的排卵日期为优生优育奠定了基础。运用B超监测育龄妇女,特别是不孕妇女卵泡发育具体情况,确认其有无卵泡发育成熟、有无排卵及准确预测排卵日期,在排卵前2～3天和排卵后1天内行房事容易受孕。从而指导临床用药及性生活时间,提高不孕者的受孕率,对指导怀孕有着非常重要的临床意义。

18. 男性因素在生育中的地位如何?

男性因素在生育障碍中也占相当的比例。在我国,不孕症发病率是7%～10%,其中女方因素约占40%,男方因素占30%～40%,男女双方因素占10%～20%。

19. 精液分析包含哪些内容?

精液常规分析是男性不育病人的必检项目,那么常规分析究竟包括哪些呢?精液分析包括精液量、液化时间、pH值、黏稠度、精子计数、精子密度、精子活率、精子形态、有无白细胞等。

20. 精液常规分析的正常值是多少?

各个实验室报告的正常值不尽相同。一般来说,正常范围是精液量为2毫升以上,液化时间小于30分钟,pH为7.2～8.0,精子密度大于20×10^6毫升,精子活率大于70%,精子活率A级>25%或A级+B级大于50%,白细胞小于1×10^6毫升。

21. 精液常规检查的最佳时间是什么时候?

男性精液常规检查须在排精后3～7天进行,采集精液前3～7天内必须停止性生活,并且不得有手淫、梦遗等情况,还应禁烟戒酒,忌服对生精功能有影响的药物等。小于3天或大于7天,都会影响精液结果,影响医生对疾病的判断和分析。如果禁欲时间不够,可能会达不到精液采集要求的2毫升以上,而且容易出现较多的不成熟精子。如果禁欲时间过长,死精、畸形精子可能会增加,而且活动率可能偏低。

22. 做精液常规分析要注意些什么?

在规定时间内收集一次射精的全部精液送检。最好在实验室由本人手淫采集,如果有困难可用取精器采集。禁止用性交中断的方法采集精液。因为这样会失去精子密度最高的前一部分精液。盛精液的容器应是清洁、广口的。不能用乳胶或塑料制品的避孕套来采集精液,因避孕套内的滑石粉可影响精子活力。

精液标本在转送过程中,其温度应保持在25～35℃,冬季最好放在内衣口袋里并防止瓶子倒置。运送时间不超过1小时。

由于精液分析受环境、温度等多种因素影响,不能仅凭1次精液结果做出判断,一般应间隔1～2周复查一次,2～3次才能明确诊断。

23. 前列腺炎会影响生育吗？

慢性前列腺炎是否会影响生育，目前尚无明确的认识。从理论上讲，前列腺炎症对精液的量以及精液的成分都会产生影响，并干扰精子的活动与功能，从而引起不育。但有些病人前列腺炎症状很重，却仍然可以生育。因此，应该辩证地看待慢性前列腺炎与不育的关系。慢性前列腺炎对精液理化性质的影响主要如下。

前列腺发生炎症时，前列腺液分泌减少，从而使精液量减少，干扰了精子的生存和活力。

前列腺炎症使前列腺液中的酶活性下降，精液黏度增加，液化时间延长，影响精子的活动；一些精子所必需的营养物质或帮助精子活动的物质数量减少，尤其是微量元素锌的含量减少，更是直接影响了精子的生存与活动。此外，慢性前列腺炎时，前列腺液中的细菌毒素或前列腺过度充血都会破坏液化因子，所以不能生育。这也是慢性前列腺炎引起不育的最重要原因。

炎症使精液 pH 降低，并使机体产生抗精子抗体，致使精子死亡。

前列腺液中含有大量的细菌和细菌毒素，可消耗精浆的营养成分，从而影响精子的存活。

值得提出的是，虽然不能肯定慢性前列腺炎一定会导致不育，但是对于不育病人，仍应检查是否患有慢性前列腺炎，并且以尽快治愈为好。

24. 前列腺液常规检查的标准是什么？

一次按摩排出的前列腺液（EPS）的量为数滴至 2 毫升，呈淡乳白色，质稀。白细胞小于 10 个/高倍视野，红细胞偶见，上皮细胞少量，卵磷脂小体可见量多(也可表示为+++～++++),吞噬细胞偶见。

25. 前列腺炎是怎样引起的?

前列腺炎发病可能与季节、饮食、性活动、泌尿生殖道炎症、良性前列腺增生或下尿路综合征、职业、社会经济状况以及精神心理因素等有关。常见的因素如久坐、穿紧身衣、桑拿、开车、高温作业、电脑及手机辐射等。

26. 卵子排出后存活多长时间?精子在女方体内存活多长时间?

正常生育期妇女每月排卵一次,卵子存活时间为1～2天,而其受精能力最强的时间在排卵后24小时内。

射入女性生殖道内的精子虽然最长可生存4～5天,但具有较强受精能力的时间仅1～2天,也就是说只有在妇女排卵前后1～2天内性交,才有可能受孕。

27. 受精卵在体内运行多久着床?

卵子受精后,一边发育一边向子宫方向移动,3～4天后到达宫腔,7～8天在松软、营养的子宫内膜里着床。

28. 卵泡形态不规则影响怀孕吗?

正常情况下,卵泡是椭圆形而不是正圆形,因此卵泡是否有受孕的能力主要看卵泡的大小、张力及发育速度是否正常。圆形的卵泡是优质卵泡,受精卵的质量比较好一些。卵泡发育到1.8～2.5厘米而且正常排出才具备受孕能力,过大或者过小都不具备受孕能力。如果卵泡发育不良,建议详细明确导致卵泡发育不良的原因,是由于支持卵泡发育的激素水平不足还是卵巢局部的排卵功能异常,及早明确具体的情况针对性治疗。

29. 卵泡扁形但能排出，这影响怀孕吗？

有部分病人在卵泡监测的时候，发现卵泡张力欠佳，在用促排卵的各种方法治疗后卵泡已排，但B超提示卵泡形态不规则，且陶氏腔积液较多，排卵不彻底。理论上难以怀孕，但实际临床上很多病人能够成功受孕，并顺利生产，而且新生儿健康无畸形。卵泡扁能否受孕还要看卵泡的大小、张力及发育速度等其他因素。当然，圆形的卵泡是优质卵泡，受精卵的质量更好一些。

30. 输卵管的功能是什么？

输卵管近端连通子宫，远端膨大呈漏斗状，末端为指状突起，有捡拾卵细胞功能。精子经过子宫，到达输卵管，向远端游动至壶腹部，在此等着卵细胞来受精。输卵管的内膜上皮纤毛细胞能向子宫方向做麦浪式摆动，帮助受精卵向子宫方向移动，才能使受精卵到达子宫着床发育。

若输卵管炎症，则会导致管腔狭窄，受精卵不能顺利到达子宫，而在输卵管发育，就形成宫外孕；若输卵管不通，则精子不能与卵细胞相遇并受精，就导致不孕。只能做试管婴儿(体外受精)了。

31. 以前怀过孕输卵管就一定通畅吗？

不一定。引起输卵管堵塞的主要原因是输卵管炎，输卵管管腔比较细，炎症后易造成粘连堵塞，生育过或未生育过的育龄妇女都有可能输卵管堵塞。而继发性不孕中80%的原因是输卵管堵塞引起的，这跟女性流产、上环、取环等宫腔操作关系很大。很多病人既往行人流术，因一年以上未孕而就诊，一般这类病人我们要求先做子宫输卵管造影，看输卵管有无炎症，病人却说以前怀过孕输卵管应该是没问题之类的

话。正因为以前有人流史、宫腔手术史，术中手术器械的消毒不合格情况，以及术后个人卫生情况不确定，导致输卵管及盆腔的炎症的可能性更大，更有机会导致盆腔感染。故曾经人流过，未避孕而未孕者，首先应该考虑输卵管炎症。目前诊断输卵管通畅与否最准确最简捷的方法是做经X线子宫输卵管造影，可以明确输卵管通畅程度和堵塞部位。

32. 输卵管堵塞会有排卵吗？有排卵者输卵管就会通畅吗？

有排卵与输卵管是否通畅没有任何关系。

卵巢与输卵管相邻近，正常女性的卵巢位于子宫底的后外侧，与盆腔侧壁相接，卵巢左右各一，灰红色，质地较韧硬，呈扁平的椭圆形，表面凸隆。输卵管为一对细长而弯曲的管道状组织，位于子宫阔韧带的上缘，内侧与子宫角相连通，外端游离，与卵巢接近，全长为8～15厘米。

卵巢排出的卵泡主要是通过输卵管伞端的捡拾作用，输送到输卵管内。加上伞端离排卵点很近以及伞端大量纤毛的摆动，几分钟内卵子就能迅速送至壶腹部。输卵管堵塞会影响精卵结合，导致不孕。

从上述过程可以看出，输卵管堵塞与否跟排卵无关，排卵是排卵，输卵管是输卵管，不能混淆概念。

33. 阴道炎一定会有输卵管炎吗？

不一定。子宫宫颈是阴道与子宫宫腔之间的一道防线，一般阴道炎症只局限于阴道，不会轻易上行影响子宫及附件的。如果患有阴道炎又长期得不到有效治疗，就会降低宫颈和内膜的抵抗能力，它可以通过宫颈、也可以通过阴道、子宫直接蔓延感染，宫旁组织的淋巴受累，进入输卵管引起输卵管炎的发生，进而导致输卵管堵塞。所以，女性在感染了阴道炎后一定要尽快采取有效方法进行治疗。

34. 阴道炎会影响怀孕吗?

会。如果患有阴道炎长期得不到有效治疗，就会使阴道内环境发生改变，使精子活动力减弱，且炎性细胞可吞噬精子，从而影响怀孕甚至造成不孕；阴道炎长期得不到治疗，就会降低宫颈和内膜的抵抗能力，导致宫颈与子宫内膜的炎症，甚至上行感染，导致宫旁组织的淋巴受累，进入输卵管引起输卵管炎的发生，进而导致输卵管堵塞影响怀孕。所以，女性在感染了阴道炎后一定要尽快采取有效方法进行治疗。

35. 宫颈糜烂会影响生育吗?

宫颈炎本身并非一定造成不孕，然而其炎症造成的局部内环境改变则是引起不孕的原因之一。单从生育的角度来看，如果分泌物不多，一般不会影响精子穿入宫腔，但如果分泌物黏稠、量多，相对较弱的精子就会被宫颈黏液这个第一道天然屏障阻挡。临床上经常碰到行人流术的病人宫颈有不同程度的糜烂。宫颈炎长期得不到治疗，就会导致子宫内膜的炎症，甚至上行感染造成输卵管的炎症，从而影响怀孕。

36. 女性没有明显性高潮会影响受孕吗?

没有性高潮仍然可能怀孕。因为性高潮只是一种纯粹的身体反应，达到性高潮时，子宫与阴道肌肉组织的节律性收缩有利于将精子吸入宫颈。另外，有性高潮时，宫颈分泌稀薄、透明的黏液量增加，利于精子穿透进入宫颈和宫腔，因此女性出现性高潮有利于受孕，但并不是说不出现性高潮或性高潮不明显就会影响受孕、生育。如果在没有避孕的状况下同房，体内又正好有成熟的卵子等着精子来结合，那就有可能怀孕。

37. 什么原因造成子宫内膜炎？会影响生育吗？

子宫体部的炎症以子宫内膜炎为主。当细菌侵犯子宫肌层，称子宫肌炎，内膜炎和肌炎一般都同时存在。急性期的主要症状是：发热，伴持续性下腹痛，腰酸，白带增多，呈脓性或水样，有臭味。假如治疗不及时或不彻底，急性子宫内膜炎可转为慢性子宫内膜炎。慢性子宫内膜炎主要表现为月经不规则、经期延长、下腹坠痛或轻度疼痛。白带多呈脓性伴有臭味及低热。内膜炎的发生与经期卫生或性生活紊乱；不洁性交；宫腔内手术，如节育术（人流放环）、诊刮术、通液术等操作有关，有的为产后感染所致。也可由子宫内膜息肉、黏膜下肌瘤使月经淋漓不净，继发感染引起。

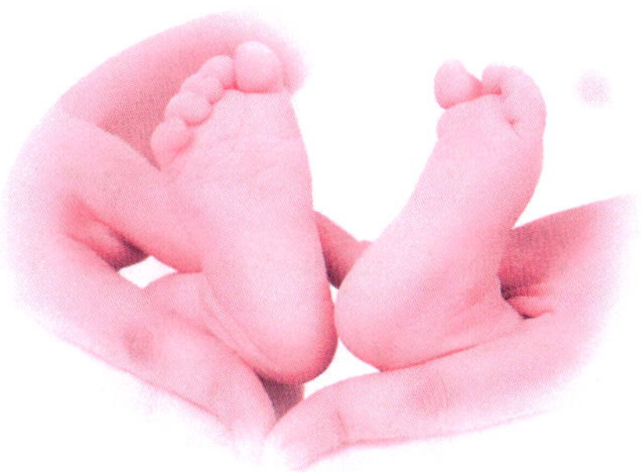

子宫内膜炎的炎症渗出物有杀精子的作用，另外子宫内膜长期慢性炎症，不能为孕卵种植预备良好的内环境，从而影响受精卵着床。如内膜炎延至输卵管，可造成输卵管阻塞或通而不畅，影响受精。

子宫发炎，重在预防。注重经期卫生，避免不洁性交，预防性传播疾病的发生；医务人员要严格无菌操作。假如发病，及时采用药物彻底治疗，避免转为慢性子宫炎而影响受孕生育。

38. 患有子宫内膜结核的妇女能生育吗？对生育有哪些影响？

子宫内膜结核是由结核杆菌引起的子宫内膜炎症，多为盆腔结核的一部分，也是全身结核的一部分。感染的主要来源是肺或腹膜结核。子宫内膜结核在生殖器官结核中占50%～60%，常常是由输卵管结核蔓延扩展到子宫，病变多局限在子宫内膜。患有子宫内膜结核后，多数是不孕的。但是经过治疗，病变修复，可生长出正常的子宫内膜，如果没有输卵管的阻塞，还有受孕的可能。但是即使怀孕，还是会有影响的。

(1)怀孕后，可以使原来已静止的结核病灶发生急剧的变化，甚至可能通过血液循环播散到全身。

(2)结核病菌可通过血液到达胎盘，在胎盘上形成结核病灶，破坏胎盘，甚至可以进入胎儿体内，引起流产或早产。

(3)怀孕以后结核复发，如果能早期进行治疗，可以达到良好的治疗效果，控制病情的发展，避免流产或早产的发生。但是，药物对胚胎发育的影响也是不可忽视的。比如对听神经的影响，抗结核药物可能使胎儿听力受到影响，造成终身痛苦；对母亲也是极大的精神压力。

所以，对于患有结核病的妇女，特别是对生育年龄的妇女，应予彻底的抗结核治疗，待病情稳定 5 年或 5 年以上再考虑妊娠，才是比较安全的。在病情未稳定前，应采取严格的避孕措施，否则一旦怀孕，即使作人工流产术，同样对身体无益。因此，在身心得到彻底恢复后再怀孕，才是最为妥善的。

39. 为什么会发生子宫腔粘连？子宫腔粘连后怎么办？

子宫内膜是胚胎着床及其进一步生长发育的场所。如果宫腔粘连发生导致内膜受损，那么胚胎将无法着床或者进一步生长发育，从而造成不孕或流产。随着刮宫术的应用增多，宫腔粘连的发生率升高。因此，因宫腔粘连导致的不孕症的比例也在升高。目前，国内外资料显示宫腔任何手术均可增加宫腔粘连的发病率，成为不孕症的常见主要病因之一。

引起宫腔粘连常见原因有：①刮宫损伤引起，如人工流产、中期引产、足月分娩后、剖宫产、诊断性刮宫等手术后。②感染引起，如细菌、病毒、结核菌等感染。③妇科手术损伤引起，如子宫肌瘤剔除术、宫颈手术、畸形子宫矫治术、子宫内膜切除等手术后。④宫颈的烧灼、冷冻、药物腐蚀、放射治疗可引起宫颈粘连闭锁。

如发生宫腔粘连，可采用以下方法治疗。①宫腔粘连分离手术：对于有生育要求者，采用宫腔镜分离手术，术后放入节育环，防止重新粘连并给予抗生素治疗防感染。放入节育环后3个月取出节育环，给予抗生素治疗防止感染。严重的病人需要反复治疗才有效果。②刺激子宫内膜生长：给予大剂量雌孕激素周期治疗。③结核所致的宫腔粘连，不宜做粘连分解术，主要靠抗结核治疗。

40. 子宫内膜是如何形成的？怎么知道子宫内膜长息肉了？

自青春期起，在卵巢分泌的雌激素和孕激素的周期性作用下，每28天左右发生一次内膜脱落出血及修复和增生，称为月经周期。如果子宫内膜局部有雌激素影响而无孕激素作用，不能定期脱落，内膜局部增生过长就可能形成息肉。

息肉可单个或多个，一般为绿豆到蚕豆大小，其蒂长短不一，蒂长者息肉可突出于宫颈外。主要症状是月经量多、经期长、月经血淋漓不净或不规则阴道出血。通过阴道B超检查及宫腔镜检查，可作出诊断；诊断性刮宫，刮出物送病理，可作为诊断依据。

41. 如何治疗子宫内膜息肉？

药物治疗一般无效，手术摘除是最有效的措施。有以下两种方法：①治疗性刮宫，对宫腔做全面刮宫，最好在B超监视下刮宫，可避免漏刮息肉。②宫腔镜下剪除或电凝切除，直视下手术，一般不会遗漏息肉。出血少，内膜损伤小。取出物均需送病检，明确诊断，排除其他病变。

42. 有生育要求的子宫肌瘤病人该选择什么方法治疗？

子宫肌瘤是女性生殖器官中最常见的一种良性肿瘤，对于有生育要求的病人采取如下措施。

(1)采用保守治疗：①对于年龄小于35岁病人、浆膜下肌瘤、肌壁内肌瘤直径小于6厘米、双侧输卵管通畅，肌瘤无变性及月经正常等症状者可以观察随访。②上述对象若伴内分泌失调、无排卵或黄体功能不健者，应积极用中西药物调经、促排卵和健黄体治疗。③抗性激素药物如亮丙瑞林(抑那通)等治疗能改善症状、缩小肌瘤，但都会抑制排卵，治疗期间不会受孕，且停药相当长时间才能恢复排卵。

(2)采用手术治疗：对于年龄小于35岁病人、迫切要求生育、多发性肌瘤、黏膜下肌瘤、肌壁内肌瘤直径大于6厘米或肌瘤堵塞输卵管开口，肌瘤有变性及月经不正常等症状明显者应采用手术治疗，保留子宫，做肌瘤剜除术。

术前需再次做B超检查，了解肌瘤数目、生长部位和与宫腔的关系。可在腹腔镜下或经腹手术，如黏膜下肌瘤，可在宫腔镜下摘除肌瘤，术后妊娠率为50%左右。

43. 什么是席汉综合征？

由于产后大出血，尤其是伴有长时间的失血性休克，使垂体前叶组织缺氧、变性坏死，继而纤维化，最终导致垂体前叶功能减退的发生，其发生率占产后出血及失血性休克病人的25%左右。近几年研究显示，席汉综合征的发生，并非仅与垂体前叶功能减退有关，有报道部分病人垂体前叶功能有减退征象，其中50%显示垂体后叶功能亦有不同程度的异常。席汉综合征不仅可以发生于阴道分娩者，亦可发生于剖宫产术之后，在现代剖宫产率上升的今天，应引起产科医师的高度重视。

44. 席汉综合征的临床表现是什么？

席汉综合征的临床表现是：闭经，阴毛、腋毛脱落，乳房、生殖器萎缩，性欲减退至消失、不育，可伴有甲状腺功能减退的症状如怕冷、乏力、少汗、便秘，记忆力衰退，皮肤干、粗糙，心动过缓，血压低下，反应迟钝。

45. 席汉综合征能治疗吗？能恢复生育吗？

由内分泌科、妇科共同处理效果更好。根据甲状腺、肾上腺皮质、性腺等功能低下的具体情况，分别予以长期的激素替代疗法。

(1)一般治疗：加强营养，适当运动，补充维生素、钙剂，治疗贫血等。

(2)药物治疗

1)肾上腺皮质激素　口服可的松或氢化可的松，有水肿者，改用泼尼松或地塞米松。当有感染、发热、创伤、手术时，剂量应适当增加。

2)甲状腺素片　一般在服用肾上腺皮质激素几天之后开始服用。

3)性激素　可采用人工周期疗法：中年以上者可以不用，青年病人口服己烯雌酚，最后5天加用黄体酮，停药3～7天后如月经来潮，可在出血后5天重复使用。有生育要求者，为促排卵可联合应用HMG或HCG，效果良好。

轻度席汉综合征治疗效果好，垂体前叶损伤轻，功能恢复正常，可能再次怀孕。

46. 再次怀孕能否改善席汉综合征的症状？

因为妊娠后垂体功能旺盛，血供丰富，其体积比原来增大1～2倍，垂体前叶的血供80%来自门脉，患病后门脉血流量减少，增生的垂体缺血、缺氧，门脉血管内微血栓形成，垂体前叶广泛性坏死，如果能再次怀孕，说明是轻症病例。从理论上讲，因为妊娠垂体血供丰富，体积增大，其功能可以得到恢复，症状可以得到改善。

47. 严重的阴道前壁、后壁膨出影响再次受孕吗？

严重的阴道前后壁膨出，使性交时女方阴道不易裹紧男方阴茎，致使性欲高潮难于出现。男方射精后精液不易积聚于阴道内，易使精液外溢，均可影响受孕而造成不孕。治疗方法可行阴道前、后壁及侧壁缺陷修补术。

48. 严重的陈旧性会阴撕裂伤对再次生育有影响吗？

阴道和直肠是紧邻的两个互不相同的腔道，其间有会阴体分隔。妇女在分娩中发生难产、急产或分娩时会阴保护不当会造成会阴三度裂伤；个别情况下亦可见于车祸等外伤后，致使阴道和直肠相通。如未及时进行手术修补或修补不当会造成日后的陈旧性会阴三度裂伤。本病的后果是性交时女性阴道收缩力弱，致使男、女双方不易达到性高潮；其次是男性精液不易积聚在阴道内；又因阴道与直肠相通，故使阴道内常有炎症存在，容易产生内、外生殖器炎症，从而影响受孕。治疗方法可行陈旧性会阴三度裂伤修补术。

49. 宫颈解剖学结构异常会影响受孕吗？

宫颈管位置异常，常伴有子宫体的位置异常。宫颈管位置异常致使后穹隆变浅而失去了贮精池的作用，从而不利于精子的上行。宫颈管闭锁与狭窄，常伴有子宫发育不全，第二性征大多发育正常。治疗可矫正子宫位置异常，促进子宫发育。可予以雌孕激素周期治疗或促排卵疗法，宫颈管粘连狭窄者可行扩张术。

50. 宫颈发育异常及宫颈肌瘤会引起不孕吗？

宫颈发育异常的出现是宫颈性不孕的重要危害。宫颈管发育不良，可伴子宫发育不良，可导致宫颈腺体分泌功能不足，导致不孕的发生。一般可行矫正手术或宫腔内人工授精提高受孕率。

宫颈肌瘤可导致宫颈管发生变形、狭窄，影响精子通过。临床表现主要为月经不规则，经血量增多，白带增多或膀胱、直肠症状。因此，宫颈肌瘤也是宫颈性不孕的原因之一，故应手术处理。

51. 子宫内膜异位症会影响再次受孕吗？

临床上很多剖宫产的妇女产后会出现不同程度的痛经，多是由子宫内膜异位症所导致，其主要的症状就是痛经、性交痛和继发不孕。特别是痛经，通常呈进行性加重，疼痛部位多在下腹正中，伴肛门坠胀，卧床不起，辗转不宁，全身大汗，甚者恶心、呕吐，虚脱。但是没有痛经的，不一定没有内膜异位症；而凡有痛经的，特别是严重痛经者，都是由子宫内膜异位症所致。

子宫内膜异位症可以使病人的受孕能力遭到不同程度的损害。根据临床分析，约有半数子宫内膜异位症的病人，伴有不孕；而大约有1/3的不孕症是由异位症引起的。因此，子宫内膜异位症已成为当前女性不孕最重要的原因之一。尤其有再次生育计划的子宫内膜异位症的病人更深受其害，需要积极治疗。

52. 卵巢肿瘤对再次怀孕的影响？

卵巢因素引起的不孕占不孕症的15％～25％，卵巢囊肿与不孕有关，分泌雌激素过多的多发性卵泡囊肿，可引起持续性无排卵。某些卵巢的巨大肿瘤，使大部分卵巢组织破坏，可出现卵巢功能失调、不排卵、与周围组织粘连、阻塞输卵管等情况，均可造成不孕。

53. 弓形虫感染对怀孕有哪些影响?

弓形虫感染的病原体为弓形虫,是一种寄生虫,猫为终宿主,寄生在猫体内繁殖生长。其卵子在猫的肠道中随猫粪排出。其他家畜的肌肉中也可以有弓形虫包囊。人被感染患病,是经口食入病原体或虫卵所致。被传染途径有以下几种途径:①食入未熟的肉类、弓形虫包囊;②饮污染的水或吸入病畜排泄物的飞沫;③接触抚摸受感染的猫;④蔬菜或餐具被猫粪污染。

在怀孕期母亲获得感染者,约有50%的胎儿得到先天感染。孕早、中期感染者,除可引起流产外,还可引起胎儿多发性畸形,如脑积水、无脑儿、小眼、无眼症、先天性白内障、唇腭裂、先天性心脏病、肛门闭锁及肢体畸形等。孕晚期感染者,可出现早产、死胎、死产,早期新生儿死亡,分娩先天性急性弓形虫病患儿或处于静止期的新生儿。经感染而能存活的儿童常有脑部先天性损害而遗留智力发育不全或癫痫。

该病的治疗是:非妊娠期采用药物治疗;妊娠早、中期患病应行人工流产、引产;妊娠晚期患病也采用药物治疗,但要注意副作用。为了减少该病的发生率,应加强预防措施,切断传染途径。

54. 梅毒感染对怀孕有哪些影响?

梅毒是由苍白螺旋体引起的性病,是一种慢性全身性传染病。女性的梅毒多由男方传染而来,主要通过性接触传染,也可通过胎盘传给下一代而发生先天性梅毒。因此孕前发现有梅毒感染的病人须禁止怀孕,孕期发现者需及时终止妊娠。

55. 尖锐湿疣与不孕有关吗?

尖锐湿疣是由人乳头瘤病毒(HPV)感染外阴、阴道、宫颈、肛周引起的增生性疾病,主要通过性接触传染,也可间接感染。是一种良性病变，可反复发作。男方在被感染上尖锐湿疣后，首先在病人的生殖器上会出现异常的现象，严重者会引起睾丸炎、附睾炎、前列腺炎、精囊炎等，影响精子的生成、精子活力，直接造成少精症而使男子生育能力降低，直接导致男性不育。女方发生于阴道会破坏酸碱度平衡，不适合精子的生存，影响受精卵结合而引起女性不孕。外阴部出现尖锐湿疣，假如湿疣较小并且散在，不会影响女性受孕。除非湿疣较大，接近阴道口，并有恶臭分泌物，造成生理障碍或性欲消退时，可造成暂时不孕。当子宫颈上的湿疣汇集成团，梗塞在子宫口处，影响精子的运行时，则会影响受孕，但都是暂时性不孕，治愈后仍可怀孕。

56. 生殖器疱疹与不孕不育有关吗？

生殖器疱疹是由单纯疱疹病毒（HSV）引起的性传播疾病，其危害之一就是可引起女性不孕，其原因是女性感染疱疹病毒后，会引起外阴炎、阴道炎，可能会妨碍正常的性生活，减弱进入阴道的精子数量及影响其活动力。子宫颈炎和子宫内膜炎则不利于精子穿透宫颈黏液上行。子宫内病毒感染，病毒经胎盘传给胎儿，可致胎儿死亡或流产。男性感染疱疹病毒后，可引起前列腺炎而造成精液不液化，也可影响到性腺分泌物的生理功能，导致不育。

57. 巨细胞病毒感染会导致不孕不育吗？

巨细胞病毒是目前临床上常见的病毒感染因素引起不孕症的原因之一，其传染源是病人和无症状的隐性感染者。他们可长期或间歇地自唾液、精液、尿液、乳液和子宫颈分泌物中排出病毒。如果与有巨细胞病毒感染的异性性交，而恰好此人此时正处于排毒期，则可能被感染。如果孕妇在性生活时染上病毒，则可引起胎儿感染和围产期感染。

该病毒感染主要影响生殖系统健康，较为常见的是子宫内膜感染。急性生殖系统感染后如果得不到及时治疗，往往演变为慢性感染，形成慢性子宫内膜炎，严重地破坏精子通道的正常环境，直接干扰精子上行运动，使精子难以进入输卵管完成精卵结合。精子即便与卵泡结合成功，由于子宫内膜的慢性感染，受精卵很难在子宫“安居乐业”，怀孕后容易引发流产。该病也会污染精液，导致精子质量下降和数量异常，本应正常的精子不再正常，使男性失去应有的生育功能。但治愈后不影响正常妊娠，对胎儿也不会造成危害。

58. 宫内妊娠产物残留或节育环残留对再次妊娠有何影响？

宫内妊娠产物残留或节育环残留均会影响胚胎着床和发育。宫内妊娠产物残留者多发生于产后、引产术后、人工流产后，临床表现为子宫不规则出血和继发不孕。在宫腔镜下确诊后用蟹爪钳取出宫内残留的碎骨片，术后能恢复正常的月经周期。国内外均有取出骨片后妊娠的报道。宫内节育器在取出时因嵌顿、断裂而在宫壁、宫腔残留断端、碎片等，宫腔镜直视下定位，用异物钳可准确夹住取出。

59. 腹腔镜术后什么时间受孕最佳？

腹腔镜术后的受孕时间需要根据病人的具体病情、手术方式、病人体质综合考虑。若为腹腔镜手术治疗输卵管堵塞的，一般建议半年内怀孕，概率高些，若半年内没有受孕的话，输卵管病变复发的可能性高。

60. 腹腔镜输卵管造口术及松解术后的妊娠率是多少？

妊娠率为20%～50%，总体来说，术后妊娠率与输卵管堵塞程度、盆腔粘连程度、输卵管柔软度、合并其他病因、术后指导妊娠等综合因素有关。

61. 性交频率、次数与受孕率有关么?

有关。受孕与性生活时间的选择有密切关系,在排卵前 2 天至排卵后 24 小时内性生活受孕机会最大,但性交频繁会适得其反,影响受孕。因为男性的精子在睾丸和附睾中发育、成熟需要一个过程。每日性交甚至每日不止 1 次的射精,常导致精液量减少,精子数量少而降低了受精能力。如果要避免这种情况,应采取节制性交次数的措施,在排卵前 5～6 天开始禁欲,以后“养精蓄锐”,至预测排卵前 2 天起隔天性交 1 次,2～3 次后,受孕机会可能会大大增加。过频的性生活不但影响生育,还可影响生理、心理健康。男性纵欲严重者会造成性功能障碍、阳痿、早泄、不射精等;女性纵欲会出现内分泌失调、不排卵和尿道感染。另外双方会感到乏力、头昏、眼花、耳鸣、出汗、心悸等不适。

62. 为什么停服避孕药后仍不受孕?

口服或注射用避孕药是人工合成的甾体类激素,其主要通过抑制排卵、抗受精卵着床和改变宫颈黏液的性状等 3 个环节达到避孕的目的。避孕药中的孕激素成分会影响子宫内膜的周期性变化,形成分泌不良的内膜,不适于受精卵着床。另外药物可影响输卵管蠕动,使受精卵的运行速度变化,不能与子宫内膜发育同步,影响着床。较长时间服用避孕药后,可能导致卵巢功能的衰退,无法恢复排卵,所以停服避孕药后仍可导致不孕。

63. 职业与不孕有何关系? 哪些职业影响受孕?

男性不育的发病与职业有很大的关系。调查发现,以下三种职业的男士导致不孕不育的概率就大一些。

职业驾驶员:人的身体构造很奥妙,男性的身体器官中,只有睾丸裸露在外,原因就是它怕闷热,所以才被露在外面,方便散热。职业驾驶员每天都必须坐在驾驶座上开车，当睾丸长时间被困在一个闷热、不通风的环境里，精子的活动力就会降低。

电子新贵：天天接触计算机，又要绞尽脑汁写程序的电子新贵，会不会比一般人更容易不育呢？截至目前，还没有正式的研究报导证实辐射会造成不育。现在的环境里，每个人时时刻刻都处在辐射线中，使用计算机、手机都会有辐射线和电磁波，也许住家楼上就是发射基地台，所以若真要说辐射会造成不育，显得有点太过牵强。至于工作压力，严格来说，压力本身并不会导致不育，但却会使爸爸对“性”的欲念降低，因而间接造成精子整体的活动力下降。

业务人员：应酬不断的业务爸爸，下了班还要投身烟酒的行列，再加上作息不正常，当然对身体健康有影响。作息时间正常与否，不至于会直接影响生育能力，放眼社会上需要应酬的爸爸比比皆是，成功生儿育女的还是占大多数。

总之，很多证据表明，职业的种类是影响不孕不育的关键，所以这类人更需要比平常人多关注自己的生殖健康，如果条件允许的话最好要定期地做生殖系统方面的检查，及时地了解精子的健康程度。

64. 体质过度衰弱与不孕有什么关系？

体质过度衰弱、营养不良和维生素缺乏，特别是缺乏维生素 A、维生素 B、维生素 E，可影响卵子的生成、影响卵巢内分泌功能而导致不孕。营养不良特别是蛋白质和能量供应不足，长期低氧血症或氧运转能力低下，影响子宫和卵巢血流及功能，导致子宫、卵巢发育不良，卵子成熟障碍，出现月经失调甚至闭经而不孕。体质过度衰弱者也不易耐受不孕症的有关检查和治疗，如宫腹腔镜手术、促排卵、体外受精中的取卵等，一旦出现并发症或副作用也往往更严重，更难处理。即使怀孕后也容易出现流产、胎儿宫内发育迟缓等并发症。此外，往往伴有失眠、性欲减退等，均可影响受孕。

65. 流行性腮腺炎与不孕有何关系？

流行性腮腺炎是学龄前和学龄儿童期常见的呼吸道传染病，病原体是腮腺炎病毒，通过唾液飞沫传染。此病潜伏期2周，出现感冒症状后，又出现腮腺肿大。流行性腮腺炎病毒不仅对腮腺有特殊的亲和力，而且，也特别喜欢侵入腮腺、脑膜、卵巢、睾丸。腮腺炎一旦并发了睾丸炎，就会出现高烧、寒战、睾丸肿胀、疼痛、走路时沉重坠胀。而后睾丸稍肿或肿大5倍以上、质硬、阴囊皮肤显著水肿，大约10天，睾丸消肿而愈。由于病毒的毒性作用，使睾丸组织受到破坏而发生萎缩，特别是专门产生精子的曲细精管遭到破坏后，就没有产生精子的能力了。如果双侧睾丸均发炎萎缩，人就可能失去生育能力。据有关的资料统计，在男子不育症病人中，有14%左右是因睾丸功能衰竭引起的。其中大部分是因腮腺炎并发睾丸炎造成的。因此在这一阶段患腮腺炎后一定要注意卧床休息和及时治疗，以避免睾丸炎的发生。

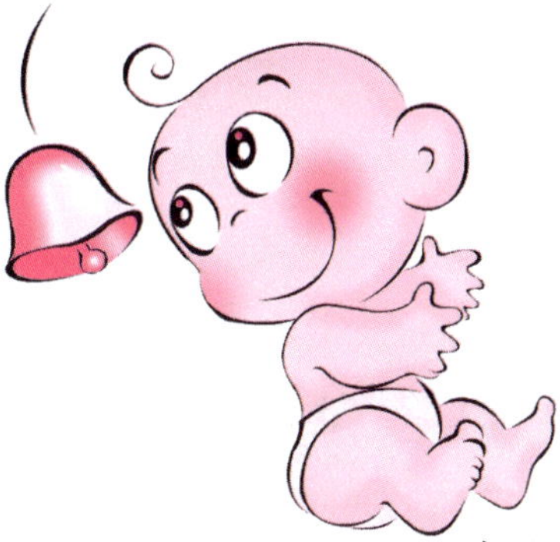

66. 人工流产会造成不孕吗？

接受人工流产者一般是因避孕失败或身患疾病、用药等不宜继续妊娠而要求终止者，一般来说，早期人工流产是小手术，对身体影响不是很大。但若操作不规范，或生殖器官炎症未得到治疗而手术，就可能造成术后并发症，影响再次受孕，甚至造成继发性不孕。所以做人工流产之前应该咨询医生，听取医生的建议，尽可能在生育之前不做人工流产术。

并发症主要有：宫颈口或宫腔粘连、子宫内膜功能层受损、输卵管堵塞。

67. 流产后间隔多久再次怀孕为佳？为什么？

再次怀孕间隔时间以3～6个月为好。最佳受孕时间应选择双方情感、体力、智力都处于最高潮时，孕前双方禁烟酒，房事一周2～3次为佳。还需注意：恢复身体与精神创伤；生殖-内分泌轴调节好，月经周期、经期、经量正常；流产后子宫内膜修复状况好；基础体温、B超等检查提示都已经处于正常状态。流产后3个月到半年，内分泌功能已基本恢复，子宫内膜创面基本修复，体质和精神状态均已恢复，再次妊娠后流产的风险相对小。

68. 剖宫产后多久可以再次妊娠？

自第一次剖宫产后再次怀孕分娩，至少应该在2年以后。这是因为分娩后短期内子宫壁切口不一定会愈合得很好，加之瘢痕使切口缺乏弹性，不牢固，在妊娠晚期或分娩时容易发生瘢痕裂开，致使子宫穿孔或破裂，导致大出血甚至危及生命。因此，为使切口长得更趋于完好，最好2年以后再怀孕分娩，以使切口处的瘢痕组织愈合得更好，减少再次分娩时的危险。因此对于剖宫产的妈妈，如果计划生二胎的，最好相隔2年以上。

69. 第一次剖宫产，再次妊娠仍需剖宫产吗？

第一次剖宫产术后再孕的准妈妈，在第二次分娩时，基于安全因素，绝大多数仍然会选择剖宫产。首先是考虑瘢痕子宫在分娩过程中可能出现破裂，导致大出血；再者手术选择切口仍然是在原来的瘢痕上面，可以做一个修剪，最终仍是仅留一个瘢痕。如果准妈妈的第一胎并非因医学原因而行剖宫产，而又希望可以尝试自然生产，那么第二次分娩，在医生的同意和指导下，仍然可以尝试自然分娩的。当然，前提是医生检查过瘢痕子宫的恢复状况是良好的，一般一次分娩最少应间隔

2年以上，相隔时间越长，第二次分娩顺产的机会就更大。

70. 子宫切口愈合不良有什么危害？如何防治？

子宫切口愈合不良可导致晚期产后大出血，子宫切口瘢痕妊娠，再次妊娠子宫破裂，月经不调等。子宫切口愈合不良重在预防，应该正确掌握剖宫产指征及手术时机，提高剖宫产手术质量及缝合技巧；实施围术期用药以预防感染；术后增加营养，提高机体免疫力；注意休息，防止过度疲劳；加强孕期及产褥期卫生宣教，避免妊娠末期和产褥期性生活而造成感染。治疗上最好采用中西医结合的治疗方案。

71. 子宫切口愈合不良对再次妊娠有什么影响？

子宫切口愈合不良再次妊娠时可能导致子宫切口瘢痕妊娠，因瘢痕妊娠，孕早期即可引起出血或子宫破裂，危险极大，若处理不及时或方法不当，常常为抢救病人生命而切除子宫使病人失去生育能力。子宫切口愈合不良再次妊娠时也可能导致子宫破裂而危及生命。

72. 第一胎顺产，第二胎会像第一胎那样痛吗？

从分娩阵痛来说，很多有生二胎经验的妈妈都反映，第二次的自然分娩会很轻松，因为阴道已经过第一胎分娩时的扩张。从分娩产程来说，第二胎总体看会比第一胎快，但第二胎也有难产情况发生，需要看具体情况。如有些例外情况，第一胎是22岁生的，第二胎是在38岁才生，两个宝宝之间的间隔比较长，那么在生第二胎的时候已经进入高龄产妇的阶段了，这一类人就不一定快。如果是自然分娩，第二次分娩虽然仍会痛，但痛感会比第一胎轻很多，而且疼痛的时间也会缩短，因此，自然分娩是对妈妈和宝宝最好的分娩方式。不过，也有二胎的准妈妈担心生得太快，万一来不及赶到医院就生了怎么办？在这里，我们就提醒二胎的准妈妈，首先要在临产前放松心情，不能让紧张情绪影响产程。一发现有临产状态，就马上赶去医院，自己直接去产室找医生，让家人去办理挂号等手续，争取时间。

73. 如果第一胎分娩时难产，生第二胎也会难产吗？

不一定。如果第一胎是由于骨盆狭窄造成难产，那么生第二胎时仍有这种原因存在，就有可能难产。如果第一胎是由于宫颈扩张缓慢、宫缩差、胎心减速等原因造成的，而骨盆大小正常，那么第二胎分娩时出现难产的可能性很小。一般情况下，有过生产经历的人，宫颈口就容易扩张，产程也就明显缩短，生第二胎时顺产占大多数。所以，不必有太多的担心，医生会根据你的情况给你分娩方式的建议。

74. 取环后多久才能怀孕？

取环后，待 2～3 次正常月经后再受孕为宜，以便给子宫内膜一个恢复时间，利于优生。

75. 取环后为什么不易怀孕？

在我国，绝大多数妇女在第一次生产后采取节育环避孕，而如今二胎政策放开后，多数人取环后不能正常受孕。这是因为无论放环时间长短，作为异物的避孕环产生的无菌性炎症都会或多或少地对子宫内膜组织或输卵管有一定损害和影响，这不仅不利于受精卵的着床，还可能会导致输卵管堵塞，而最终导致不孕。

76. 二胎怀孕反应与头胎不一样，胎儿性别就会不一样吗？

不一定。每个人的早孕反应不一样，大部分妇女在停经 6 周左右出现头晕、乏力、嗜睡、食欲不振、偏食、恶心呕吐等现象，一般于 12 周左右消失，也可因人而异。胎儿性别是由受精卵染色体的表型决定的，与怀孕反应没有直接的关系。故老话“酸儿辣女”缺乏科学依据。

77. 怀孕反应重一定是男孩吗？生男生女究竟由什么决定？

不一定，两者没有直接关系。生男生女是精子与卵子结合后受精卵的性染色体决定。女性的性染色体是XX，男性是XY，胎儿染色体一个是来自父亲，一个来自母亲，所以生男生女的概率是1∶1，与怀孕反应没有直接关系。

第三篇

生育二胎父母的体质调养及注意事项

1. 孕前为什么要做优生检查？

孕前检查是优生学的重要内容之一，是防止遗传病，保证家庭幸福的第一关。宋·陈自明《妇人良方》说："凡欲求子，当先察夫妇有无劳伤痼疾，而依方调治，使内外和平，则有子矣"。清·唐桐园《大生要旨》说："求嗣之要，在乎男精女血充实而无病"。孕前检查可以了解本人及家庭有无遗传病、精神病、传染病等情况，可以判断男女双方有无严重的器质性疾病，男女生殖器官发育是否正常，有无畸形，性生活能力是否正常。

2. 生二胎也需要做优生检查吗？

第一胎孕前优生各项都查过，没有问题，目前准备怀孕，还需要做优生检查吗？很大一部分父母都有这样的疑问。在这里，给大家明确一个观点。孕前检查是针对有计划想怀孕的人做的，和第几胎没有必然关系，从优生的角度讲，只要是计划怀孕，都建议做优生检查及基础的孕前检查，所以，计划要二胎的准爸妈孕前检查也是不能忽略的。

3. 二胎父母孕前应做哪些优生检查？

(1)女方需要做的检查如下。

1)妇女怀孕前应首先了解有无重要疾病：如心脏病、甲状腺等疾病，是否治愈或控制病情，是否用药影响怀孕。

2)有遗传或家族疾病史的应到医院行产前咨询。

3)行孕前优生检查：TORCH、甲乙丙肝、艾滋、梅毒等检查。

4)妇科常规检查：①白带常规检查，通过白带常规筛查滴虫、霉菌、支原体衣原体感染以及阴道炎症等疾病；②妇科B超检查，孕前检查项目中的B超检查有助于了解子宫发育的情况，是否有子宫畸形、子宫肌瘤及子宫腺肌症，卵巢内是否有囊肿等；③宫颈涂片检查。

5)避免滥用药物及X线检查、戒烟戒酒、避免养宠物或接触宠物、孕前3月开始补充叶酸。

(2)男方一般只需要做常规体检即可。

4. 中医优生思想是怎样的?

尽管现代医学对孕期母体环境对子代发育及成人慢性病形成的影响研究已相当深入,但除了营养学方面的指导外,在实际运用干预方面仍缺乏可行有效的措施。中医学对亲子间长远关系的研究虽然没有西医那样明确,但却有着非常丰富的优生思想及具体而独特实用的方法。中医优生思想分孕前的择偶与优生、夫妇交会时的择孕与优生及孕期的养胎与优生。择偶涉及配偶年龄、血缘、体质与优生;择孕涉及择孕时间、择孕环境及择孕时夫妇的生理、心理及感情状态;孕期保健包括孕期食养与食忌、怡情起居、药物宜忌。中医优生学中有着其独特的优生学理论思想,如“内象成子、外象内感理论”、“逐月养胎理论”、“调经种子理论”等。

逐月养胎思想的中心是根据胎儿逐月发育的特点,分别采取相应的养胎措施。《胎产书》认为,前3个月发育未有定形,不宜食辛温发散的食物,而应食用酸熟美味的富营养之品,避免性生活,观美好的事物,避免看丑陋的东西。根据胎儿逐月发育特点给予相应不同的养胎原则与措施,这一思想是可取的。现代医学认为,妊娠早期由于孕激素水平突然增高,消化系统功能受到影响。所以,早期应饮食清淡,无刺激、易消化。如刻意过多进食,不但不能消化吸收,反而会加重消化负担。此外,妊娠早期胎儿发育缓慢,并不需要增加特别营养。而在胎儿发育的4～5个月以后,内脏组织如脑、肌肉等开始迅速增大,需要大量营养,所以此时开始增加动物蛋白是必需的。因此,从现代医学的角度来看,《胎产书》的妊娠期总的饮食原则是符合胎儿发育需求的。

5. 中医孕前保健包括哪些内容?

中医孕前保健主要包括三类:心理、身体、物质。心理准备主要是调整心理、精神状态,准备迎接新生命的诞生。身体方面的准备是指及时医治可能会影响孕期母儿健康的疾病,远离可能危害胎儿健康的危险因素,加强营养,调理身体的精、气、神,为孕育新生命提供良好的身体贮备。物质方面的准备是指做好孕期及哺育孩子所需物质及资金储备,保证母婴健康。可从以下 4 个方面着手。

(1)调经:月经周期准确与否、经期及经量、颜色等都反映女性生殖健康问题。经中医辨证调理可使得妇女身体阴阳平衡,母体气血旺盛,为胎儿提供良好的生长环境,提高优生优育的质量,避免流产或胚胎停育等情况。

(2)调节情志:准备怀孕的夫妻双方都应该保持精神饱满,精神愉快,心情舒畅,这样有利于提高精子与卵子的质量。

(3)调节起居:夫妻双方养成良好的生活习惯,进行适当的体育锻炼,提高身体素质。

(4)饮食调节:注重健康饮食,少食冰冷、辛辣刺激性食物,戒烟酒。具体可根据个人体质选择相应的食物调理,为孕育宝宝做好准备。

6. 中医如何调养孕前月经失调?

月经失调常见气血两虚型、气滞血淤型、血寒型、肾虚型、血热型。通过服用中药、针刺、饮食 3 个方面来调节。

(1)气血两虚型:宜气血双补,可服用补中益气丸、十全大补丸、乌鸡白凤丸、归脾丸、四物汤等;配合针刺穴位(取穴足三里、合谷、三阴交、关元、气海、肾俞等);饮食上推荐参芪大枣汤。

(2)气滞血淤型:宜活血化淤调经,可服用逍遥丸、血府逐淤汤、少腹逐淤汤、失笑散等;针刺取穴血海、太冲、气海、合谷穴位等;饮食上推荐益母草煮鸡蛋、山楂红糖粥。

(3)血寒型:宜温肾散寒调经,可服用艾附暖宫丸、金匮温经汤等。针刺配合艾灸穴位关元、子宫、神阙等。饮食上推荐姜枣红糖汤,当归生姜羊肉汤。

(4)肾虚型:可补肾调经,可服用鹿胎膏等。针刺(可配合艾灸)取穴(足三里、肾俞、关元、三阴交、太溪等);饮食上推荐当归枸杞排骨汤。

(5)血热型:可清热调经。可服用清经散、四红丹等。针刺穴位(太冲、太溪、血海、肝俞等)。饮食上推荐生地粥、排骨藕汤等。

7. 每个人的体质都一样吗?中医学是如何分类的?

不一样。中医认为不同体质的人在孕前应该选择不同的调理方法。现代医家将人的体质分为9种:平和型、气虚型、阳虚型、阴虚型、痰湿型、湿热型、血淤型、气郁型、特禀型(过敏型)。一般而言,身体基本元素(阴、阳、气、血)的不足,抵抗力虚弱者为虚证,如前四型即为中医之虚证,平时可以配合药膳增强疗效,而后五型则为病气强盛,抵抗力未弱之实证,如感冒发烧、急性肠胃炎、急性肝炎、高血压等证,此时以医师的治疗为主,不宜自行服用药膳。

8. 中医学根据个人体质有哪些保健方法?

(1)平和型:该型无需药物干扰,可通过以下方式来调理。穴位按摩保健(足三里、肾俞、三阴交等);耳穴保健(取脾、肾等穴);保持乐观情绪,养成良好的生活习惯,避免冰冷、辛辣刺激性食物,戒烟酒,适当运动。

(2)气虚型:该型可服用中药(如补中益气丸);穴位按摩保健(足三里、肾俞、血海等);耳穴保健(取脾、肾、心等穴);适当运动,养成良好的生活习惯;饮食调节,可多食用健脾食物,如山药、小米、扁豆、黄豆、鹌鹑肉、糯米等。

(3)阳虚型：可服用中药金匮肾气丸；可配合针刺及艾灸穴位(针刺足三里、肾俞；艾灸神阙、关元等穴位)；耳穴保健(取脾、肾、皮质下等穴位)；情志方面调节，可多与别人沟通，及时消除消极情绪；饮食方面可多食用补阳的食物，如羊肉、鸡肉、虾、核桃、韭菜、茴香等，少食黄瓜、西瓜、梨、冬瓜等生冷寒凉食物。平时可多食用当归生姜羊肉汤等。可适量运动，但不宜做过分剧烈的运动。

(4)阴虚型：可服用中药六味地黄丸或杞菊地黄丸；可配合针刺穴位(如足三里、肾俞、血海、太溪、三阴交等)；耳穴保健(取肝、肾、内分泌等穴位)；情志方面，注意克制情绪，避免生气；饮食方面可选择芝麻、乌贼、龟、鳖、鸭肉、豆腐、甘蔗等食品，少食羊肉、狗肉、辣椒、葱姜蒜等温燥之品。平时多食莲子百合汤、蜂蜜蒸百合、鸭汤等；起居要规律，避免熬夜，节制房事；选择太极拳等运动。

(5)痰湿型：可服用化痰利湿的中药，如苍术导痰丸等；可配合针刺穴位(如足三里、合谷、丰隆、阳陵泉等)；耳穴保健(取脾、肾、三焦等穴位)；平时保持心境平和，节制大喜大悲；饮食以清淡为主，避免肥肉及甜腻之品，平时可多食用山药、扁豆、赤小豆、薏仁、萝卜、冬瓜等，如山药冬瓜汤、薏仁稀饭、赤小豆鲤鱼汤等；平时应多进行户外运动，加强锻炼，早睡早起，不要过分安逸，形体肥胖者则应坚持运动，饮食适量，控制体重。

(6)湿热型：可服用中药甘露消毒丹、清胃散等。可配合针刺穴位(取穴曲池、阴陵泉、太冲、三阴交等)；耳穴保健(取肝、胆、内分泌、交感等)；平时避免过激的情绪，保持心态平和，合理安排自己的工作与学习；饮食上可多食薏苡仁、莲子、茯苓、冬瓜、丝瓜、绿豆、苦瓜、西瓜、芹菜、莲藕等；禁食辛辣之品，如辣椒、牛、羊、狗肉、葱蒜、烧烤、油炸之品。平时可食用泥鳅炖豆腐、排骨藕汤、绿豆汤等；起居应注意避免居住在低洼潮湿的地方，不要熬夜，避免劳累，保持充足的睡眠。适合做强度较大的运动，如中长跑、游泳、爬山、球类运动，最好是在清晨或傍晚较凉爽时锻炼。

(7)血淤型:可服用中药桂枝茯苓丸、血府逐淤汤等。可配合针刺穴位(取穴足三里、肾俞、血海、合谷等);耳穴保健(取心、脾、神门等);平时应及时消除不良情绪,保持心情愉快,防止郁闷不乐而致气机不畅,以致血淤加重,平时可多听一些抒情柔和的音乐来调节自己;饮食上可多食山楂、当归、黑豆、海带、胡萝卜、玫瑰花、葡萄酒、红糖等,少食肥腻之品。推荐食用山楂红糖汤、玫瑰花汤、当归枸杞排骨汤;作息时间要有规律,保持足够睡眠,不可过分安逸,以免气机淤滞而致血行不畅,可进行一些有氧运动,如太极拳、太极剑、广场舞蹈等。

(8)气郁型:可服用中药逍遥丸、柴胡疏肝散、越鞠丸等;可配合针刺穴位(取穴足三里、肾俞、血海、太冲、阳陵泉等);耳穴保健(取穴肝、胆、三焦等);平时应培养开朗的性格,积极消除不良情绪,多和朋友交流,多参加有益的社会活动,多结交知心朋友,及时向朋友倾诉不良情绪。饮食上应多食用玫瑰花、大麦、蘑菇、柑橘、萝卜、洋葱、海带、丝瓜、苦瓜等。推荐食用橘皮粥、菊花鸡肝汤等;居住环境应安静,保持规律的睡眠;应尽量增加户外运动,多参加群众性的体育项目,如广场舞蹈、下棋、打羽毛球等活动,多融入社会,解除自我封闭状态。

(9)特禀型(过敏型):可服用中药玉屏风散、消风散、过敏煎等;可针刺穴位(取穴足三里、肾俞、血海、曲池、合谷、脾俞等);耳穴保健(取穴肺、交感、神门等);平时应合理安排作息时间,避免情绪紧张;饮食上宜清淡,营养均衡,避免过敏源,避免蚕豆、牛肉、虾、蟹类海鲜、辣椒等辛辣及易过敏食物。推荐食用小米粥,山药鸡肉汤等。居住环境应保持清洁,通风良好,被褥床单经常洗晒,以防止尘螨过敏,室内新装修后不宜立即入住,春季花粉易过敏者应减少室外活动时间,尽量避免接触宠物;积极参加各种体育锻炼,增强体质。

9. 父母体质会影响下一代吗？

孩子大部分会遗传父母的体质。中医认为，人体之精气中最为重要的是先天之精，而先天之精则禀受于父母。

10. 父母调理多久怀孕合适？

一般要调理半年左右才适合怀孕。怀孕前3个月应开始服用叶酸，其主要作用是可以预防胎儿神经血管畸形和唇裂，如果有条件最好整个孕期都吃，每天一片，至少也要吃到孕后3个月。

11. 怀孕前饮食该如何调理？

合理的膳食是保证孕妇及胎儿营养全面，身体健康的重要环节。

(1)女性饮食

1)避免辛辣食物：辣椒、胡椒、花椒等刺激性较大的调味品。辛辣助阳，易生火热、损伤人体津液、迫血妄行，而出现咽喉肿痛、大便秘结、月经量多等症状。因此，建议您尽可能避免摄入此类食品。

2)避免饮酒：酒精是导致胎儿畸形和智力低下的重要因素。

3)避免吃过多的糖：若经常食用高糖食物，常常会引起糖代谢紊乱，甚至成为潜在的糖尿病病人。

4)避免吃味精：味精的成分是谷氨酸钠，进食过多可影响锌的吸收，不利于胎儿神经系统的发育。

5)避免吃人参、桂圆：中医认为孕妇多数阴血偏虚，食用人参会引起气盛阴耗；桂圆辛温助阳，除有宫寒症状的女性可以吃以外，建议最好少吃。

6)避免吃腌制食品：这类食品虽然美味，但内含亚硝酸盐、苯丙芘等，对身体很不利。

7)过敏性体质的人慎食致敏食品:食用可能致敏食物对胎儿的影响尚未引起人们的重视,但事实上,致敏食品很可能会引起流产、早产,导致胎儿畸形等多种恶性后果。

8)避免吃各种“污染”食品:食物从其原料生产直至食用前的全过程中,会经历很多必需的环节,可能会不同程度地受到污染,给人的身体带来危害。因此,应尽量选用新鲜天然食品,避免食用含添加剂、色素、防腐剂的食品;蔬菜应充分清洗干净,水果最好去皮后再食用,以避免农药污染。

9)避免吃罐头食品:罐头食品中含有的添加剂和防腐剂,是导致畸胎和流产的危险因素。

(2)男性饮食:建议少食用高蛋白肉类食物。大多数的年轻男士都比较偏爱肉食,虽说精子的生成需要优质蛋白质,但如果高蛋白物质摄入过高,维生素摄入不足就容易造成酸性体质,就难以受孕。一些减低精子活力与数量的食物,如芹菜、木耳、棉籽油,应该避免进食。

12. 怀孕前起居该如何调节?

孕前生活要有规律,做到起居有序,劳逸适度。实践证明,最好每日保证睡够8小时,并适当活动。经常参加适当的体力劳动和运动,可以呼吸到大量新鲜空气、有利于血液循环,帮助胃肠消化,促进新陈代谢,保持肌肉活动能力,为生产做准备。常在阳光下沐浴,可杀灭皮肤上的细菌,促进母体对钙磷的吸收,满足怀孕后机体对钙、磷等的需求。

13. 情志因素对怀孕的影响如何?

保持心情舒畅,避免各种不良刺激,消除紧张、烦闷、恐惧心理,尤其不能大喜大悲大怒大忧。精神因素可以引起不孕症,大约有5%的不孕症是由精神因素引起的。当人类精神紧张时，机体会发生应激反应，肾上腺素与去甲肾上腺素释放增加，儿茶酚胺的浓度增加，下丘脑和垂体合成的内咖肽增加，泌乳素的释放也增加。所有这些激素的变化都影响正常月经周期的调节，干扰卵巢甾体激素的合成，其结果是导致排卵障碍而造成不孕。据遗传学家研究，母亲和胎儿之间虽然没有神经联系，但血液中的化学物质是互通的，母亲情绪的变化引起某些化学物质的变化，从而会影响胎儿的发育。因此，应该保持乐观心情和积极的处事态度，缓解和消除紧张情绪，树立正确的价值观，精神彻底放松更有助于妊娠。

14. 宫寒是怎么回事？

所谓宫寒，是中医理论下的病名，不能与西医的具体病名来套。“宫寒”狭义的“宫”即是指女子“子宫”。广义的“宫”包括女性内生殖器官中的子宫、输卵管、卵巢。中医所称的“胞宫”、“血室”、“胞脏”等即属于此。狭义的“寒”即子宫受寒，感受寒邪，过食寒凉生冷等，广义的“寒”除上述情况外，还包括女性内生殖系统（子宫，输卵管，卵巢等）的生殖功能的低下和中医所讲的妇女阴寒内盛，肾阳不足，胞宫失于温煦所出现的不孕、月经失调、痛经、白带量多质稀、腰腹冷痛、下腹坠胀痛、手足冰凉、舌质淡紫或紫暗、苔薄白多津、脉沉紧等症状。

日常一些不良生活习惯均会导致宫寒，如衣着单薄（特别是露脐装、低腰裤、冬天穿丝袜）、贪凉饮冷、过度疲劳等。而西医临床常见的一些妇科急慢性炎症（如阴道炎、宫颈炎、子宫内膜炎、附件炎等）可以用宫寒辨证治疗。

15. 宫寒为什会导致不孕？

宫寒可导致女性不孕，或在怀孕以后出现胎儿发育迟缓、胚胎停育的现象，严重的可导致流产。这是因为宫寒造成子宫生殖环境受到影响，胎儿的生长发育在一定时期、一定阶段缺乏足够的温煦营养，宫腔始终处于一个寒冷状态，就像缺乏阳光一样，因而胎儿发育到一定程度就不再继续生长发育了，也就是胚胎停育、流产。

16. 孕前宫寒如何调理？

中医在治疗“宫寒”方面有着明显优势，主要采用“内服”与“外治”相结合的方法。内服：采用补肾暖宫、养血温冲之药，早晚各口服一次，连续治疗2～3个月经周期。外治：采用灸穴位、温针灸、暖宫贴以及中药泡脚等方法。艾灸所用之药艾草，性味辛温，归肝脾肾经，艾草燃烧后，其特殊的对人体有用的成分都会发挥出来，借着热力可以很好地渗透入皮肤肌肉深层的经脉中，与此同时，其燃烧所产生的波长与频率就像我们平时用的红外线一样，在其作用下，把因寒造成的冻结及淤血都化掉，使气血运行通畅。暖宫贴亦是运用暖宫之药通过穴位的吸收而达到祛宫寒的目的。

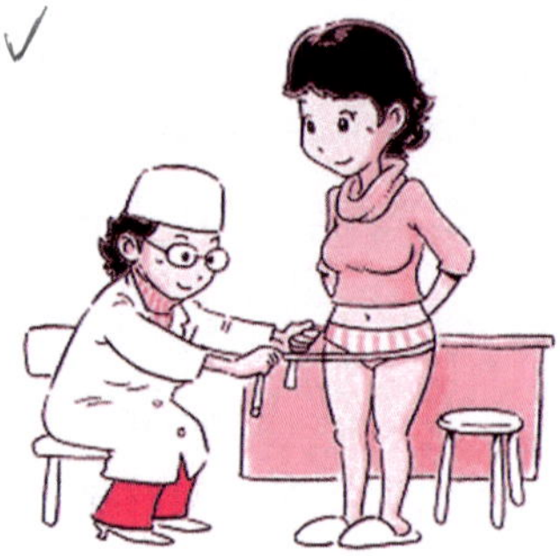

中药泡脚温通胞脉，调经促孕，子宫内温暖如春，其受精卵就能着床且顺利生长。

平时生活上注意保暖，不可过分贪凉。首先，在饮食上，要避免吃生冷食物，少吃白菜、白萝卜、绿茶等寒性的食物，多吃温阳的食物，如羊肉、韭菜、核桃、桂圆、枣、花生等。其次，宫寒的人要多运动。虽然宫寒的人偏于安静沉稳，运动多了易感疲劳，但“动则生阳”，寒性体质者特别需要通过运动来改善体质。如在卵石路上行走，能刺激足底的经络和穴位，可以疏通经脉、调畅气血、改善血液循环，使全身温暖。

17. 孕前痛经怎样进行中医保健调养？

痛经可以分为原发性痛经和继发性痛经。原发性痛经，简单地说，就是医生也找不到病因的痛经。一般来讲，原发性痛经是因为子宫本身因素所造成，也就是由于子宫基层或是子宫内膜的前列腺素分泌过度所引起的。继发性痛经，是指源于骨盆腔的月经疼痛，一般以子宫内膜异位症、子宫肌腺瘤、子宫肌瘤等疾病所造成的原因居多。

中医认为，痛经病位在子宫、冲任，有虚实之分，以“不通则痛”或“不荣则痛”为主要病机。实证可分为气滞血淤、寒凝血淤、湿热淤阻导致子宫的气血运行不畅，“不通则痛”；虚证者主要是由于气血虚弱、肾气亏损致子宫失于濡养，“不荣则痛”。痛经伴随月经周期发生，与月经前后特殊生理状态有关，与子宫局部微环境的改变相关，可导致不孕或流产。

对于痛经，可于孕前用中药调理，气滞血淤可用膈下逐淤汤、寒凝血淤可用温经汤、湿热淤阻可用清热调经汤、气血虚弱可用黄芪建中汤、肾气亏损可用调肝汤治疗。还可以配合针灸穴位治疗，取穴关元、三阴交、足三里等；饮食上注意不食用冰凉食品及寒性之品，生活上不可贪凉，注意局部保暖，平时可适当运动，保持气血运行通畅。

18. 泡脚对怀孕有什么好处？

一般用热水泡脚，不但可以促进脚部血液循环，降低局部肌张力，而且对消除疲劳、改善睡眠大有裨益。中医认为，足部是足三阴经（脾经、肾经、肝经）起点、足三阳经（胃经、膀胱经、胆经）的止点，与全身所有脏腑经络均有密切关系，踝部以下有66个穴位，泡脚刺激足部穴位，如隐白、三阴交、涌泉、太溪等，可以调节经络、推动血运、疏通气血、温煦脏腑，从而起到调经促孕的作用。泡脚最好泡至内踝上三寸（示指、中指、环名指、小指并拢，以中指中节横纹为标准，即为三寸），即三阴交穴。对于健康人来说，一般用清水或用盐水、醋水泡脚就可以了。对于

有宫寒症状的人，笔者根据临床经验，推荐一简单易行处方：艾叶 30 克、生姜 5 片、红花 10 克，睡觉前浸泡双足 30～40 分钟。现代医学测定，人脚的温度保持在 28～33℃时感到最舒服。因此，经常保持双足温暖，每天晚上用热水泡脚，可使全身血脉流通，机体健康，经络通畅，气血和调，尤其肾、肝、脾三脏功能正常，则易受孕。

19. 艾灸对怀孕有什么好处？

现代女性承担了越来越多和男性一样的高负荷工作，身体负担增加，再加上不规律的生活、饮食和穿衣习惯（如露脐装暴露“神阙穴”而易感风寒），冬季不着棉衣，风寒易侵袭机体，常食冷食、冷饮致寒邪入侵，久而久之，造成宫寒，有越来越多的现代女性出现了身体不适的症状，诸多由于寒冷而引起的亚健康问题，甚至一部分人还出现了复发性流产、宫寒不孕等症。

艾是纯阳植物，艾灸时有温热感，并为人体补充阳气，将寒气排出体外，对宫寒不孕的病人通过艾灸治疗可以达到较理想的效果。另外现代实验研究表明，灸法能提高人体白细胞总数，促进单核-巨噬细胞的吞噬作用，灸法还能使皮肤表面毛细血管扩张，血流加速，促进血液循环，增加局部组织营养，促进病变部位的痊愈。所以有盆腔炎造成的不孕及有宫外孕病史的病人，通过艾灸治疗，可以达到减轻或消除炎症的作用，从而顺利怀孕、生产。

艾灸既可以调和阴阳、防病保健，又可以温经散寒、消淤散结。艾灸的穴位不同，起到的作用亦不同。如上文所述，艾灸气海、关元等穴位，可以通经散寒、益肾固本、温养冲任，艾灸三阴交可补益肝脾肾；艾灸足三里（外侧膝眼下三寸）可以补益气血，从而能调经促孕。艾灸虽好，但只对虚寒性体质者合适，对阳气亢盛、虚火上炎者有害无益。注意温灸半小时内不要用冷水洗手或洗澡。

20. 肥胖对怀孕有什么影响？

肥胖不仅影响形体美，而且对怀孕有很大的影响，可以说肥胖是造成妇女不孕症的一个重要原因。从中医的角度来讲，胖人多因脾肾阳虚，不能运化水湿，水湿聚集而成痰湿，痰湿易阻滞胞脉，淤滞经络，从而损伤任督二脉，导致不孕。

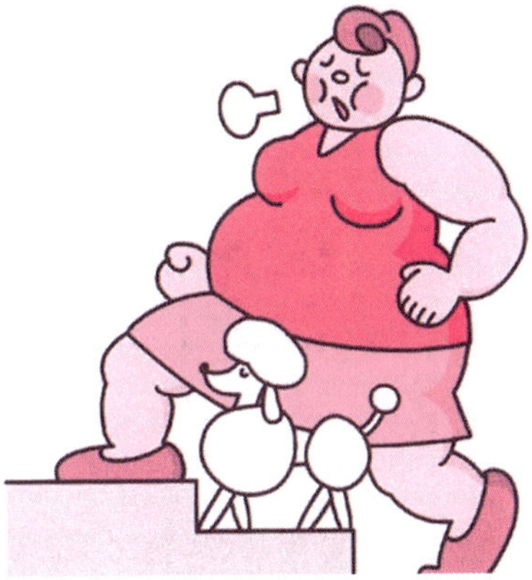

肥胖者要治不孕应先减肥。节食配合长期坚持适量的体育运动是减肥的最佳方法。单纯性肥胖者应注意改变饮食习惯，严格限制饮食，尤其是糖类和脂肪的摄入，也可使用一些抑制食欲的药物。同时加大运动量，增加热能消耗。症状性肥胖，应针对原发病进行治疗。

21. 针刺为什么能调节卵巢功能？

中医认为，针刺有调和阴阳、扶正祛邪、通经活络的作用，故针刺这些经络上的腧穴，可以达到调节卵巢功能的作用。选择任脉与肾经、肝经、脾经等相关经络上的穴位进行针刺治疗，可对卵巢产生一定的调节作用，从而影响雌、孕激素的分泌，使之正常，对下丘脑-垂体-卵巢轴的内分泌具有一定的良性调节作用，其中对 FSH、LH、E_2 具有双向调节作用。另外，针灸也改善病人的排卵功能。针灸治疗并不替代人体内的激素作用，不会干扰内分泌激素的平衡，避免了药物治疗的某些副作用。

22. 微量元素与维生素缺乏和不孕有什么关系？该如何补充？

近年来人们发现，锌、铜、铁、镁、钙、铅、镉等微量元素与男性生殖系统的功能有密切关系，它们均可影响精液的功能质量，导致不育或生殖内分泌障碍，不能维持精子的营养和睾丸细胞的正常生理功能。营养不良，尤其是维生素和微量元素的缺乏，常可造成精子发育的障碍。因此不育者适当补充一些维生素和微量元素是很有必要的。男性多食用各种动物内脏对增强性功能有辅助作用。此外，鳝鱼、海参、墨鱼、章鱼、木松鱼、芝麻、花生、核桃等都是富含精氨酸的食物，豆类、花生、小米、萝卜、大白菜和牡蛎、牛肉、鸡肝等是富含锌的食物，亦应多食。

对于女性，应多摄取维生素 A、维生素 B、维生素 C、维生素 E、叶酸等抗氧化维生素及铁、锌、钙等矿物质，对提高受孕机会有好处。大豆有助于提高生育能力，从大豆中提取的雌激素不但能够帮助生育，还可以提高试管婴儿女性的受孕概率。饮绿茶有利于怀孕。

23. 日常生活中影响男性生殖功能的因素有哪些？

日常生活中影响男性生殖功能的因素有：吸烟、酗酒、喝咖啡、吃减肥药物、嗜辛辣之物、洗桑拿、经常熬夜、长时间开车或玩电脑、长期穿紧身裤等。

24. 吸烟对男性生殖功能有何影响？

吸烟对精子的影响很大，香烟中的尼古丁成分会伤害精子，造成男性精液中含精量降低，活动减弱，也会增加畸形精子的含量，从而降低受孕能力，影响孩子的生长发育，出现胎儿低体重、生长迟缓的发生率较高。吸烟不仅影响胎儿，而且还影响孩子婴儿期的生长及智力发育。精子的生成过程大约需要84天，所以计划妊娠前的一段时间就要开始戒烟哦！

25. 吸烟对女性生殖功能有何影响？

大量吸烟是优生优育的大敌，也是引起不孕的重要原因之一。研究表明，香烟的烟雾中含有强烈的致癌、致畸物质，妇女大量吸烟会干扰和破坏正常的卵巢功能，引起月经不调、卵巢早衰（表现为过早绝经）和不孕，影响卵子质量；吸烟妇女即使怀孕，亦易出现流产、早产和死胎，所生婴儿的体重比不吸烟者轻得多。

26. 喝酒对男性生殖功能有何影响？

乙醇能使身体里的儿茶酚胺浓度增高、血管痉挛、睾丸发育不全，甚至使睾丸萎缩，生精功能就会发生改变，睾酮等雄性激素分泌不足，会出现声音变细、乳房增大等女性化表现。长期饮酒者的精液中，精子数目减少，活动力减弱，而且阳痿、不育和男性女性化的发生率明显增加。这种人即使生育，下一代发生畸形的可能性也较大。有资料表明，妻子怀孕前1个月，如丈夫每日饮酒量折合酒精30毫升；或1个月内饮酒10次，每次50毫升以上；或1个月内曾饮酒1次，而酒量大于或等于125毫升；其妻子生下的新生儿出生体重较对照组下降236克，这种情况下出生的低体重儿会给喂养带来困难，如抵抗力低、易生病、生长发育迟缓、智力低下等。

27. 喝酒对女性生殖功能有何影响？

酒精也会妨碍女性卵子的发育和成熟，可导致月经不调、闭经、卵子生成变异、无性欲或停止排卵等。与吸烟一样，长期嗜酒成癖能使不孕和生出畸形儿的概率成倍增加，因此，为了家庭的幸福和下一代的健康，准备生育的青年夫妇们切莫嗜好烟酒，以免危害自身、贻害后代。

28. 高温对男性生殖功能有何影响？

精子在 34～35℃时的活力最强，而且对高温环境比较敏感。在正常生理条件下，要求阴囊温度低于体温 3℃以上，位于阴囊中的睾丸和附睾的温度也明显低于体温。倘若男性处于高温环境中，阴囊、睾丸和附睾温度升高，都将可能对精子的产生和成熟造成障碍，影响精子质量，导致胎儿畸形率增加，受精卵质量下降，影响宝宝的健康。因此想要生宝宝时，准爸爸就要从前 3 个月开始不能洗桑拿了。

29. 开车对男性生殖功能有何影响？

短时间开车一般不会有太大的影响，但长时间开车则会降低男性的生育能力。因为长时间坐着导致前列腺受压迫，前列腺周围血液循环较差，长久将会出现前列腺炎。前列腺炎对男性的生殖功能的影响，前文已阐述。而且久坐会让阴囊长时间处于被包裹的状态，导致阴囊局部温度上升，不利于精子存活。

30. 熬夜对男性生殖功能有何影响？

随着社会生活的发展，越来越多的男性经常熬夜，或因为工作，或因为球赛，却不知熬夜对身体的伤害很大，而且对男性生育能力也有一定的影响。其实男人体内也和女人一样，有个周期性变化的激素曲线，夜间激素分泌本该较低，但持续工作刺激了大脑皮层，强制腺体分泌过多的激素。长此以往，破坏了人体生物钟的昼夜节律，让男人的性激素分泌紊乱，从而降低生殖功能。

31. 使用电脑对男性生殖功能有何影响？

随着电脑在日常生活中越来越重要，它对人体的伤害也越来越明显。长期暴露在电磁辐射中不仅对健康有影响，而且会造成男性生殖功能低下。睾丸是电磁辐射敏感的靶器官之一，而长期接受电脑辐射，确实对男性精子的受精功能会有影响。笔记本电脑辐射时间越长，对精子 DNA 的影响也越大。而它也将直接表现在未来该精子与卵子结合受精后对胎儿质量和发育造成影响，出生后胎儿的健康风险也随之加大。有专家曾用雄性大鼠做实验，实验过程中发现，电磁辐射对雄鼠的生殖功能有潜在的损伤作用。精子损伤程度与用笔记本电脑时间成正比。一天接受 4 小时辐射的大鼠精子比一天接受 2 小时辐射的大鼠精子损伤要严重。这其中都是超微结构的损伤，即精子外表还好，但内部结构已经出现损伤。专家发现，电磁辐射甚至能够破坏精子膜。而精子膜表面上的脂蛋白和糖蛋白等是精子功能得以实现的主要物质。所以建议男同志上网一天不超 5 小时。

32. 孕前能否接受预防接种？

预防接种可增加机体对某些致病因素的抵抗力，因此有些妇女为避免孕期发病，想在怀孕前接受预防接种。多数医生认为，孕前接受免疫接种是不明智的，疫苗并非绝对安全，有些疫苗的危害是明确的，如风疹疫苗，而有些疫苗对胚胎是否有害尚无确切资料，故还是不用为好。如要接受预防接种，则在怀孕前半年为宜。

33. 哪些内科疾病和不孕关系密切？

甲状腺、胰腺、肾上腺及慢性呼吸道等内科疾病与不孕症有一定关系。前3个腺体与性腺一样，都属于人体的内分泌系统，所分泌的激素之间有密切的关系，都是整个机体完整功能的组成部分。如果其中任何一种内分泌腺体功能异常，都会影响其他腺体的正常功能。

(1)甲状腺疾病：甲状腺所分泌的甲状腺激素参与体内各种物质的新陈代谢，对生殖、生理有直接的影响。性腺的发育成熟、维持正常的睾丸生精及卵巢功能都需正常的甲状腺功能的存在。甲状腺功能异常主要表现为甲状腺功能亢进(甲亢)及甲状腺功能减退(甲减)两种疾病。无论甲亢或甲减，疾病严重时，对男女性功能均有影响，可导致男性性欲减退、阳痿、生精功能障碍、精子减少；导致女性月经紊乱、经量减少，甚至闭经。如果不治疗，两者均可导致不孕不育。

(2)肾上腺疾病：肾上腺与性腺密切相关，它除合成分泌肾上腺皮质激素外，还分泌少量雌激素、雄激素和黄体酮等性激素。肾上腺皮质增生又称库欣综合征，其分泌的皮质激素过量，可使垂体促性腺激素及卵巢分泌的雌激素减少，表现为男性性功能低下、阳痿、生精少；女性月经少，或稀发、闭经。肾上腺皮质功能减退又称阿狄森综合征，此症早期对睾丸、卵巢影响不大，但严重的肾上腺皮质缺乏会引起性功能减退而导致不孕。

(3)胰腺功能异常：胰腺所分泌的胰岛素主要调节糖代谢，如分泌不足可造成糖尿病，影响垂体-性腺轴的功能。如不治疗，部分病人可

有性成熟迟缓、性欲减退，影响受孕。糖尿病怀孕后易自然流产、死胎，巨大儿的发生率及妊娠并发症发生率明显增加。病人

34. 养宠物对怀孕有何影响？

近年随着日常生活水平的提高，部分女性对猫、狗等小动物倍加宠爱，纷纷将其领养家中，日日相伴，更有甚者与宠物共浴、共眠。须不知动物可能携带危害胎儿健康的病原体，如弓形体，可致胎儿多种畸形；狂犬病毒可致狂犬病。因此计划怀孕的妇女应远离宠物，如你有此嗜好，应及早忍痛割爱，将其送给亲友饲养。

第四篇

生育二胎的障碍因素及其防治

一、排卵障碍因素

1. 月经正常就一定有排卵吗？

月经周期受大脑皮层控制，由下丘脑-垂体-卵巢三者之间的相互作用来调节，还受甲状腺素等其他内分泌激素的影响。正常时，排卵前分泌雌激素，排卵后分泌孕激素和雌激素。子宫内膜在这两种激素作用下出现增生期和分泌期的变化。一旦激素水平下降，子宫内膜失去激素支持，就会坏死、脱落，月经来潮，这是排卵性月经，而无排卵性月经，卵巢只分泌雌激素，不分泌孕激素，子宫内膜只有增生期变化。不过，当雌激素下降到一定水平时，也会出现子宫内膜脱落，出现月经。

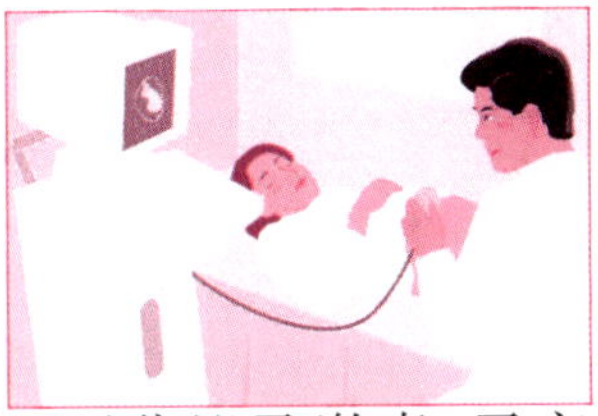

那么，无排卵性月经和排卵性月经两者如何区别呢？无排卵性月经的月经周期不规则，经期也不规则，月经量时多时少。有些人在短时期内月经周期规则，但是，月经期常延长，月经量每月也有差异。产生这种情况的原因，是无排卵者雌激素水平不稳定，子宫内膜缺乏孕激素作用，脱落不完全造成的。如果不及时治疗，就会出现月经周期不规则，或者月经过多，即无排卵性子宫功能性出血。

当然，并不能说月经正常，排卵的系统也是正常的，女性病人应当平时积极地注意自己的生理变化，以防止有一些妇科炎症，或是一些异常现象出现所导致的不排卵。

2. 排卵障碍常见于妇科哪些疾病？

排卵障碍常见于卵巢储备功能不足、未破裂卵泡黄素化综合征、多囊卵巢综合征、子宫内膜异位症等。

3. 怎样评价卵巢功能？

女性的年龄越大，卵巢功能随之降低是生理改变，女性超过35岁，妊娠率就开始下降，年龄愈大，妊娠率愈低。早卵泡期的FSH升高；早卵泡期E2水平下降；超声检查窦卵泡数目少和卵巢体积小，血供少；抑制素B低下，苗勒氏管抑制因子低下等都是卵巢功能低下的表现。

很多病人问到卵巢功能低下，还可以改善吗？大部分是可以改善的，通过中药的方法，如中药口服、针刺等可以逆转卵巢功能。卵巢功能低下并不意味着不能生育，只是妊娠率降低，胎儿畸形率高，流产率高，但仍有少数病人能顺利孕足月的。

4. 什么是卵巢储备功能下降(DGS)？卵巢储备功能下降的诊断指征及症状有哪些？

卵巢储备功能下降即卵巢储备功能下降，指各种原因导致卵巢产生卵子能力减弱，卵泡细胞质量下降，造成妇女生育能力下降及性激素缺乏。实验室检查提示：血清40 IU/L＞FSH＞10 IU/L，阴道B超提示：早卵泡期卵巢体积小于或等于3立方厘米，或窦状卵泡数少于4个；主要表现为40岁以前出现月经过少、月经稀发、闭经甚至不孕，还伴有失眠、潮热出汗、阴道分泌物减少、心烦、易发脾气等，此时应及时就诊，早日干预，还有逆转的机会，若拖延时日则易发展为卵巢早衰而抱恨终生。

5. 卵巢储备功能下降影响怀孕吗？

卵巢储备功能下降影响怀孕。卵巢储备功能下降病人，因其体内FSH/LH比值升高，使体内呈现高促性腺激素、低雌激素水平的状态，从而影响卵巢各级卵泡的生长发育，限制成熟卵泡的生长及排出，故临床卵巢储备功能下降病人多见不孕不育、月经紊乱、闭经，其进一步可发展为卵巢功能衰竭。

6. 卵巢储备功能下降如何治疗？

目前，对于卵巢储备功能下降，现代医学对其病因及发病机理仍不明确，在治疗上缺乏有效方法。西医多采用性激素治疗（雌、孕激素序贯疗法）为主，治疗时间长，对子代的安全性尚存在争议，且停药后复发率较高，病人难以接受。中药结合针刺能降低性激素水平、提高女性的生育能力、改善临床症状，是一种有效的治疗手段。有些病人可以运用中西医结合方法治疗。

7. 如何预防卵巢储备功能下降？

卵巢储备功能下降的病因虽然尚不明确，但情绪因素（压力过大）、环境因素、遗传因素、生活习惯（包括饮食）等都是影响该病的几种因素，那么放松心情、调节情绪及减轻压力是首要的；避免环境的污染（室内装修、有毒化学制剂、电磁辐射等）；饮食要清淡，多食杂粮（小米、玉米、各种豆类、干果类、黑色食品及红色食品等），避免长时间的电脑及手机的辐射，避免熬夜等；有遗传倾向者，应及早预防。

卵巢储备功能下降病人近年来急剧上升，越来越多的年轻妇女过早出现了月经稀发或过频，甚至闭经、不孕和流产，并且大大降低了辅助生殖技术的成功率，因排卵功能障碍长时间不能排卵时，如不及时予以干预，易因卵巢功能急剧下降而致卵巢早衰。

8. 中医如何辨治卵巢储备功能不足？

中医学辨治卵巢储备功能不足，在滋补肝肾，调理冲任基础之上，临证结合肝、心、脾三脏的功能失调，又各有偏颇。

（1）肝肾阴虚证。主要证候：闭经日久伴有不孕、头晕耳鸣、腰酸腿软、烘热汗出、五心烦热、烦躁易怒、阴户干涩、失眠多梦、两目干涩、视物昏花、胁痛、舌红苔少、脉弦细数。治法：滋补肝肾，养血调经。方药：

育阴汤加减(《百灵妇科》)。

(2)肾虚肝郁证。主要证候:闭经日久伴有不孕、腰酸膝软、头晕耳鸣、胸胁胀痛、郁闷不舒、舌黯淡苔薄、脉弦迟脉无力。治法:补肾疏肝、理气调经。方药:六味地黄丸合逍遥散。

(3)脾肾阳虚证。主要证候:闭经日久伴有不孕、腹中冷痛、面色白、面浮肢肿、畏寒肢冷、腰酸膝软、带下清冷、性欲淡漠、久泻,或五更泄泻,或小便不利,舌淡胖有齿痕,苔白滑,脉沉细迟弱。治法:温肾调经,暖宫调经。方药:温土毓麟汤(《傅青主女科》)。

(4)心肾不交证。主要证候:闭经日久伴有不孕,心烦不寐,心悸怔忡,头晕耳鸣,腰酸膝软,五心烦热,烘热汗出,咽干口燥,舌尖红,苔薄白,脉细数。治法:补肾滋阴,清心降火。方药:黄连阿胶汤(《伤寒论》)。

(5)肾虚血淤证。主要证候:闭经日久伴有不孕,头晕神疲,腰酸膝软,口渴不欲饮,胸闷痹痛,舌质紫黯,边有淤点或淤斑,脉沉涩无力。治法:补肾益气,活血调经。方药:肾气丸(《金匮要略》)合失笑散。

此外,还可结合针刺、耳针进行治疗。

针刺:选气海、中极、子宫、足三里、三阴交、太溪、肝俞、肾俞、脾俞等穴位。肾阴亏虚者加太溪、照海;肾阳不足者加关元、命门;肝阳上亢者加风池、太冲;痰气郁结者加中脘、阴陵泉、丰隆。

耳针:选内分泌、内生殖器、肝、脾、肾、皮质下、交感、神门等穴位,5日一次,两边交替。

9. 什么是未破裂卵泡黄素化综合征(LUFS)?

LUFS,即未破裂卵泡黄素化综合征,是指卵泡成熟但不破裂,卵细胞未排出而原位黄素化,形成黄体并分泌孕激素,体效应器官发生一系列类似排卵周期的改变,但实际月经中期无卵子排出的一组症候群。

即卵泡未排出而黄素化形成了生理性囊肿，下次月经来潮时囊肿就消失了。

10. 未破裂卵泡黄素化综合征对生育的影响如何？

如用传统的诊断排卵的标准，如基础体温双相、黄体期黄体酮水平、分泌期子宫内膜是很难将未破裂卵泡黄素化综合征与正常排卵周期相鉴别的，很多人因基础体温双相，有类似排卵的迹象：有拉丝样的白带、排卵样的腹痛、排卵后的乳房胀痛及正常的月经周期，以为自己的排卵是正常的。随着现代B超在生殖医学中地广泛应用，未破裂卵泡黄素化综合征就不难诊断了。B超卵泡监测，卵泡达19～20毫米不排出，或继续增大而黄素化，或持续缩小而萎缩，临床以月经周期正常，有类似排卵表现但持续不孕为主要特征，是无排卵性月经的一种特殊类型，也是引起不孕的重要原因之一。

11. 未破裂卵泡黄素化综合征如何治疗？

西医治疗：①药物治疗。促排卵方案CC/HCG与HMG/HCG为主，该方法本身是导致未破裂卵泡黄素化综合征的原因之一，且临床极易并发卵巢过度刺激综合征（OHSS）等，故其有效性和安全性受到限制。②宫腔内人工授精（IUI）及试管婴儿。③手术治疗：卵泡穿刺治疗、腹腔镜或剖腹手术治疗。

中医治疗：本着从调补肝肾，通调冲任出发，运用中药和电针，结合穴位注射、肌肉注射以及耳针治疗，可取得一定的临床疗效。

12. 如何诊断多囊卵巢综合征（PCOS）？

参照2003年鹿特丹国际诊断标准，以下3项符合其中两项即可诊断：①偶发排卵和或无排卵。②临床和或生化指标提示高雄激素血症，并排除其他可能致病的因素，如先天肾上腺增生、分泌雄激素肿瘤、

Cushing 综合征等。③卵巢多囊性改变，B 超检查示每个切面有大于或等于 12 个直径 2～9 毫米的卵泡和或卵巢体积增大大于 10 毫升。

也就是说，如果少女及育龄妇女出现月经几个月一次甚至一年半载来潮一次，且伴痤疮、多毛、肥胖，B 超检查示每个切面有大于或等于 12 个直径 2～9 毫米的卵泡和(或)卵巢体积大于 10 毫升，即卵巢呈多囊改变，就可能诊断为多囊卵巢综合征。

13. 多囊卵巢综合征的病人为什么要查糖耐量和胰岛素？

多囊卵巢综合征是育龄妇女常见的一种极为复杂的内分泌及代谢异常导致的疾病，病理生理变化涉及神经、内分泌、代谢系统和卵巢局部调控因素。多囊卵巢综合征病人不论有无肥胖，多有不同程度的胰岛素抵抗或并发高胰岛素血症。超过半数的病人，尤其是肥胖病人，雄激素偏高，其机理主要表现在以下 3 个方面。

胰岛素与胰岛素样生长因子-1(IGF-1)共同作用于卵泡膜细胞使雄烯二酮和睾酮升高，并加强 LH 促使卵泡膜细胞合成雄激素。

过多的胰岛素还可作用于颗粒细胞卵泡膜细胞的相应受体，通过刺激一系列卵巢内雄激素合成的关键酶活性地增加，促使细胞内孕烯醇酮转化为雄激素，使大量卵泡启动发育为初级卵泡，而局部雄激素抑制卵泡成长为优势卵泡。

高胰岛素血症还可抑制肝脏性激素结合球蛋白的合成，使游离雄激素含量增加，从而使生物学效应增强。

胰岛素的主要作用是促进葡萄糖的转化和糖原的生成，抑制糖原异生，从而维持血糖的恒定，若出现胰岛素抵抗，机体利用葡萄糖的效能降低，则血糖浓度会升高，因此常用两者来评价机体糖代谢及内分泌状态。若多囊卵巢综合征病人出现胰岛素抵抗，可加用胰岛素增敏剂，纠正病人高雄激素状态，改善卵巢排卵功能，提高促排卵治疗效果。

14. 多囊卵巢综合征的病人一定都是肥胖人吗?

一般人认为多囊卵巢综合征的病人是体重超重的人,其实也不然,多囊卵巢综合征多数表现为肥胖人,也有一部分是瘦人,俗称"瘦多囊",瘦人更易表现为痤疮等高雄激素的症状,中医称为"火多囊";胖人俗称"胖多囊",更易表现为阳虚症状,中医称为"水多囊",当然也有不胖不瘦的标准体重的病人。

15. 多囊卵巢综合征的预后怎么样?

多囊卵巢综合征发病原因至今未明,病理生理变化涉及神经、内分泌、代谢系统和卵巢局部调控因素,是难以治愈的一种疾患,治疗方面仍然是一道世界难题。防治结合,减少远期并发症是目前治疗多囊卵巢综合征的主要观念。多囊卵巢综合征不仅影响月经失调、不孕、肥胖,重要的是从远期影响而言,它是2型糖尿病、高血压、心脏病、子宫内膜癌发生的高危因素。多囊卵巢综合征病因复杂,已经涉及神经-内分泌-代谢紊乱,治疗方面也存在很多未能解决的问题,这些都有待我们研究和解决。

16. 多囊卵巢综合征对生育的影响有多大?

多囊卵巢综合征从青春期开始发病,在20～30岁为高峰,约占总数的85.3%,其发病率占生育年龄妇女的5%～10%,占不排卵性不孕症的50%～70%。可见多囊卵巢综合征是排卵障碍性不孕症病人的头号敌人。

17. 如何治疗及预防多囊卵巢综合征?

多囊卵巢综合征的治疗原则:无生育要求的病人的治疗,原则上应该2～3个月之间让月经来潮一次，治疗上以中草药、中成药及针刺治疗为主，必要时用西药（达因35及黄体酮）；对于需要生育的病人，采用中医药、针灸的中医疗法或中西医结合疗法治疗多囊卵巢综合征有很强的优势。

多囊卵巢综合征的预防：运动减肥控制体重，节制饮食及清淡饮食，加强体育锻炼是行之有效的方法，总之是管住自己的嘴及迈开自己的腿，可改善内分泌、降低循环血睾酮、使月经恢复，还可改善胰岛素抵抗。

18. 中医如何辨治多囊卵巢综合征？

多囊卵巢综合征病因病机涉及肾、脾、肝三脏器失调，并有痰湿、血淤等病理产物，使肾-天癸-冲任调节功能紊乱。中医辨证分型及治疗如下。

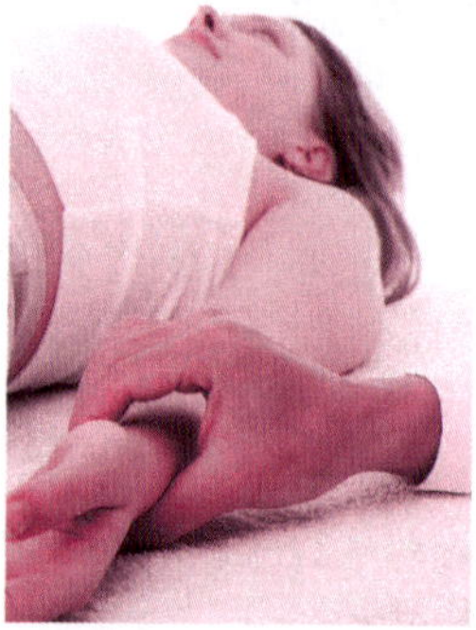

（1）肾虚痰湿证。主要证候：月经稀少，经行后期甚则闭经，婚久不孕。兼证：带下量多或甚少、形体肥胖、多毛、痤疮、腰骶酸楚，小腹或有冷感，子宫偏小，或胸闷烦躁，口腻多痰，舌苔白腻，舌质淡暗，脉象细濡而滑。治法：补肾化痰，活血调经。方药：用六味地黄丸加减；另从月经第5天开始针刺，穴选肾俞、关元、阴陵泉、丰隆、太溪、三阴交等。

（2）脾虚痰湿证。主要证候：经行后期，量少，甚则闭经；带下量多，婚久不孕。兼证：形体肥胖，多毛，头晕胸闷，喉间多痰，四肢倦怠，疲乏无力，大便溏薄，舌体胖大，色淡，苔厚腻，脉沉滑。治法：化痰除湿，通络调经。方药：苍附导痰汤加减；另从月经第5天开始针刺，穴选脾俞、天枢、内关、阴陵泉、丰隆、三阴交等。

（3）气滞血淤证。主要证候：婚久不孕，月经失调，常为先后无定期，经量多少不一，色紫暗夹块，甚者经闭不行。兼证：伴经行小腹胀痛拒按，块下痛减，或性情抑郁，经前烦躁易怒，善太息，胸胁胀痛，乳房胀痛，毛发浓密，舌质紫黯夹有淤点，脉沉弦或沉涩。治法：理气行滞，活血化淤。方药：柴胡疏肝散合桃红四物汤；另从月经第 5 天开始针刺气海、血海、归来、地机、三阴交、膈俞等穴位。

(4)肝经湿热证。主要证候：不孕，月经稀发或闭经。兼证：乳房胸胁胀满或胀痛，形体消瘦，痤疮，口干，大便干结，小便黄，带下量多，阴痒，舌质红苔黄厚，脉沉弦或弦数。治法：清热利湿，疏肝调经。方药：丹栀逍遥散合龙胆泻肝汤加减；另从月经第 5 天开始针刺肝俞、中脘、中极、血海、三阴交、太冲等穴位。

19. 如何诊断卵巢早衰？

目前尚无统一的诊断标准，主要是临床表现和实验室检查相结合。临床有月经失调史或不孕不育史，40 岁以前闭经达 6 个月以上的妇女，至少 2 次(其中间隔至少 1 个月)。血清 FSH 大于 40 单位/升(IU/L)或 LH 大于 30 单位/升(IU/L)，E_2 小于 100 皮摩尔/升(pmol/L)，即可作出诊断。

20. 卵巢早衰病人还能生育吗？

卵巢早衰病人生育预后差。中药有多系统、多环节的整体调节作用，近期可以迅速改善卵巢早衰病人临床症状，提高其生存质量，远期可以预防骨质疏松，坚持中西医结合治疗，极少数病人可以恢复卵巢功能，实现生育愿望。

21. 卵巢早衰如何治疗？

卵巢早衰目前西医只是采用激素替代、促排卵、冻存卵巢及卵巢移植方法对症治疗。以肾虚为本，累及心、肝、脾三脏，产生淤血、痰浊、郁火等病理产物，治以补肾为主，结合清心、疏肝、健脾诸法。

22. 中医如何辨治卵巢早衰？

本病以肾虚为本，累及心、肝、脾三脏，产生淤血、痰浊、郁火等病理产物，从而多脏受累，本虚标实，治以补肾为主，结合清心、疏肝、健脾诸法。补肾不宜过于滋腻，疏肝不宜过于辛燥，清心不宜过于苦寒，健脾不宜过于升散，更不可妄用攻伐，以免犯虚虚之戒。

(1)肝肾阴虚证。主要证候：闭经日久伴有不孕，头晕耳鸣，腰酸腿软，烘热汗出，五心烦热，烦躁易怒，阴户干涩，失眠多梦，两目干涩，视物昏花，胁痛，舌红苔少，脉弦细数。治法：滋补肝肾，养血调经。方药：左归丸合二至丸加减。

(2)肾虚肝郁证。主要证候：闭经日久伴有不孕，腰酸膝软，头晕耳鸣，胸胁胀痛，郁闷不舒，舌黯淡苔薄，脉弦迟脉无力。治法：补肾疏肝，理气调经。方药：六味地黄丸合逍遥散。

(3)脾肾阳虚证。主要证候：闭经日久伴有不孕，腹中冷痛，面色白，面浮肢肿，畏寒肢冷，腰酸膝软，带下清冷，性欲淡漠，久泻，或五更泄泻，或小便不利，舌淡胖有齿痕，苔白滑，脉沉细迟弱。治法：温肾调经，暖宫调经。方药：温土毓麟汤(《傅青主女科》)。

(4)心肾不交证。主要证候：闭经日久伴有不孕，心烦不寐，心悸怔忡，头晕耳鸣，腰酸膝软，五心烦热，烘热汗出，咽干口燥，舌尖红，苔薄白，脉细数。治法：补肾滋阴，清心降火。方药：黄连阿胶汤(《伤寒论》)。

(5)肾虚血淤证。主要证候：闭经日久伴有不孕，头晕神疲，腰酸膝软，口渴不欲饮，胸闷痹痛，舌质紫黯，边有淤点或淤斑，脉沉涩无力。治法：补肾益气，活血调经。方药：肾气丸(《金匮要略》)合失笑散。

另外，予以针刺辨证施治。

23. 什么是子宫内膜异位症？

子宫内膜异位症是指具有生长功能的子宫内膜组织（腺体和间质）出现在子宫腔被覆黏膜及宫体基层以外的其他部位时所引起的一种疾病，简称“内异症”。该病最早发现于19世纪中期，最常发生于盆腔腹膜，也见于卵巢、阴道直肠隔和输尿管，罕见于膀胱、心包膜和胸膜。内异症虽为良性病变，但具有类似恶性肿瘤的局部种植、浸润生长及远处转移能力等恶性行为，是生育年龄妇女最常见的疾病之一。因为其大多数病变出现在盆腔内生殖器和邻近器官（常见的有骶韧带、子宫直肠陷凹及卵巢）的腹膜面，所以临床常称为盆腔子宫内膜异位症。

24. 临床如何诊断子宫内膜异位症？

临床若见：①渐进性痛经；②经期少腹、腰骶部不适，进行性加剧；③周期性直肠刺激症状，进行性加剧；④后穹隆、子宫骶骨韧带或子宫峡部触痛性结节；⑤附件粘连包块伴包膜结节感，输卵管通畅；⑥月经前后附件上肿块有明显大小之变化（未用抗感染治疗）等症状；凡有以上①、②、③点之一和④、⑤、⑥点之一，或两点共存时可诊断本症。

25. 中医如何辨治子宫内膜异位症？

在辨证上以“淤阻胞宫、冲任”为基本病机，治以“活血化淤”，根据临床病人多见症状又可分为以下2个证型。

（1）气滞血淤。主要证候：经期小腹坠胀疼痛，拒按，甚至伴前后阴坠胀欲便；经血或多或少，经血色黯，或夹有血块；或妇科检查盆腔有结节、包块；胸闷乳胀，口干便结；或伴有不孕，舌质紫黯或有淤斑、淤点，脉弦或涩。治法：理气行滞化淤止痛；方药：膈下逐淤汤或血竭散。

（2）寒凝血淤。主要证候：经前或经期小腹绞痛、冷痛、坠胀痛，拒按，喜温；经量少，经色黯红，淋漓难净，或月经稀发，或不孕；畏寒肢冷，或大便不实；舌质淡胖而紫黯，苔白，脉沉弦或紧。治法：温经散寒，活血化淤。方药：少腹逐淤汤。

除此，还可对症选用外治法：

（1）中药保留灌肠。通常用于子宫内膜异位症痛经较重者，或盆腔包块、后穹隆结节触痛明显者，可选用活血化淤散结止痛中药煎汤直肠灌入。

（2）局部上药。结节、包块位于子宫直肠陷窝，可选用钟乳石、乳香、没药各等份，研末，月经干净后上于后穹隆处，有缩小结节、包块作用。

26. 黄体功能不全表现症状有哪些？

LDP 即黄体功能不全，是指卵巢排卵后没有完全形成黄体，以致孕激素合成与分泌不足，使子宫内膜分泌功能未能及时转换或是子宫内膜黄体酮受体对孕激素反应差，而不利于受精卵的着床，其临床表现为月经周期短，经水淋漓致经期延长，不孕以及流产等。

27. 如何治疗黄体功能不全？

西医治疗包括黄体功能补充疗法（黄体酮，安宫黄体酮），黄体功能刺激疗法（基础体温上升后肌注 HCG 42 000IU），促进卵泡发育（氯米芬），促进月经中期 LH 峰形成（检测卵泡成熟时，HCG 5 000～10 000IU）；中医调理冲任，或滋阴补肾，或补肾助阳，或疏肝泄热。

28. 中医如何辨治黄体功能不全？

中医主要从肝肾论治黄体功能不全。

（1）肾阴不足：经行量少色暗红，经期延长，淋漓不尽，不孕或流产，头晕腰酸，苔薄质偏红，脉细数。LH 峰值提前出现致小卵泡排卵的黄体功能不全。治则：滋阴补肾，调理冲任。方药：知柏地黄汤加减。

（2）肾阳不足：月经后期量多，经行量少色淡，行寒，四肢不温，性欲减淡，腰酸膝软，宫寒不孕，舌苔薄，质淡暗，脉沉细。排卵前 FSH、LH 峰性分泌不足致黄体不全者。治则：补肾助阳，温养冲任。方药：右归丸加减。

（3）肝经郁热：月经先期，经行不爽，经期延长，量时多、时少或夹血块，烦躁易怒，乳房作胀，胸闷腹胀或受孕后漏下，色稠量多，伴小腹胀痛，苔薄黄质红。脉弦数。PRL 偏高，影响卵泡发育和排卵，导致黄体功能不全。治则：疏肝泄热，调理冲任。方药：丹栀逍遥散加减。

另外，予以针刺辨证施治。

二、输卵管因素

1. 盆腔炎性疾病是怎么回事？

盆腔炎性疾病（PID）是指女性内生殖器官（子宫、输卵管和卵巢）及其周围的结缔组织、盆腔腹膜的炎症总称。主要包括子宫内膜炎、输卵管炎、输卵管卵巢脓肿、盆腔结缔组织炎及盆腔腹膜炎等。其中最常见的是输卵管炎。炎症可局限于一个部位、几个部位或波及整个盆腔脏器。多发生于性活跃期、有月经的妇女。

2. 盆腔炎性疾病对生育有何影响？

盆腔炎性疾病可分为急性盆腔炎和慢性盆腔炎。急性盆腔炎发病急，病情重，甚者可引起弥漫性腹膜炎、败血症、感染性休克，严重者可危及生命。若在急性期未能得到有效治疗，则可转为慢性盆腔炎，炎症反复发作，并致不孕、输卵管妊娠、慢性盆腔疼痛等。输卵管炎可致输卵管粘连阻塞，或输卵管伞端、卵巢及盆腔炎症影响排卵与拾取功能而导致不孕。输卵管炎症时，即使输卵管检查显示通畅，但炎症的存在可影响精子活力、精子和卵子在输卵管内运动及其功能，输卵管炎症导致拾卵功能异常，最终导致不孕。盆腔炎症可以杀伤排出的卵细胞；在慢性炎症影响下经常出现卵巢与输卵管之间的解剖位置改变，或因为组织粘连，不利于卵子进入输卵管，这些因素均可以导致不孕。

3. 慢性盆腔炎会给生活造成哪些影响？其体征及症状有哪些？

盆腔炎是妇科多发病及常见病，严重影响了妇女的生活质量，更是引起不孕的主要因素。由于人流术、引产术及节育器的广泛应用，近年来盆腔炎呈逐渐上升趋势。病人主要表现为下腹部疼痛、隐痛、刺痛或胀坠痛，或表现为腰骶部疼痛不适，白带多、色黄或脓性带，伴不孕史 1 年以上，急性者伴发热、寒战、腹部痛甚，慢性者症状经常反复，遇经期、性交后及劳累后加重。妇科检查：可能触及单侧或双侧增粗的输卵管呈条索状，或片状增厚，有压痛，子宫活动受限，子宫骶韧带增粗，压痛。B 超检查：附件增宽或积水，附件可见混合性包块，或陶氏腔有积液。子宫输卵管碘油造影显示：输卵管部分或完全阻塞，输卵管积水或输卵管伞端上举，宫腔粘连；腹腔镜检查有明显炎症病变。上述种种均严重影响妇女的身心健康，目前对慢性盆腔炎缺乏比较理想的治疗方法。

4. 检查输卵管通畅与否有哪些方法？用哪种方法比较好？

（1）输卵管通液术：虽然方便快捷，费用低，但不能确定哪侧输卵管通畅、有无输卵管积水及盆腔粘连。

（2）子宫输卵管碘油造影：可以了解子宫及输卵管内的情况，还可以初步了解盆腔粘连情况。目前比较权威的方法是腹腔镜：可以观察盆腔内情况，如有无盆腔粘连，有无子宫内膜异位症，可以解决盆腔粘

位灶可以灼烧，但无法了解输卵管腔内情况及宫

阻塞无法解决，且费用较高。我们认为，输卵管造

粘连则通过宫腔镜解决；若输卵管间质部梗阻，通

连严重或输卵管伞端粘连，通过腹腔镜解决。输卵

卵管通而不畅，则通过中医药保守治疗。

(3)宫腔镜下输卵管插管通液:可直接观察宫腔和双侧输卵管开口情况,并分别疏通左右输卵管,但费用较高。

(4)腹腔镜下输卵管通液:具创伤小、恢复快、术后粘连少等优点,兼具诊断与治疗的作用。可以迅速、直观地明确不孕的原因,如子宫畸形的诊断、排卵障碍性不孕(多囊卵巢综合征、卵巢早衰和特纳氏综合征等)。并可同时进行可能性的一些治疗,如盆腔粘连分离、子宫内膜异位症病灶的诊断和清除、输卵管的成形和造口术、卵巢功能的诊断及卵巢良性囊肿的剔除术、多囊卵巢综合征的打孔或楔形切除术等。缺点:无法了解输卵管腔内情况及宫腔情况,输卵管近端阻塞无法解决,且费用昂贵。

5. 输卵管介入治疗的适应证有哪些?会损坏输卵管纤毛吗?

输卵管介入治疗术是一种探查和治疗的方法,对于输卵管近端梗阻的病人运用介入治疗是最经济实用的方法。介入治疗就是用金属导丝疏通输卵管的方法,一般治疗时间为15～20分钟,无痛苦,又经济。后期通过中西医结合抗炎,妊娠率约50%以上。输卵管介入治疗不适用于输卵管壶腹部及伞端积水的病人。

有些病人担心介入治疗会造成输卵管纤毛的破坏,若输卵管完全阻塞,如绳索般僵硬,通过介入治疗有较大困难时,可能会破坏黏膜层纵行的皱襞,使之瘢痕化,其表层的细胞被破坏,尤其是纤毛细胞,其对卵子和配子的运输影响较大。

6. 子宫输卵管碘油造影有何临床意义?

子宫输卵管造影是经宫颈向子宫输卵管输入造影剂,同时进行拍片以动态了解子宫、输卵管情况,如子宫有无占位性病变、宫腔有无粘连、输卵管炎症程度、输卵管走形;有些输卵管不通的情况,能通过造影比较清晰地了解梗阻部位,有无再通的可能,子宫和输卵管的情况对怀孕有什么程度的影响。造影检查还可以很清晰地了解子宫的形态,如单角子宫、双角子宫、鞍形子宫，这也是目前了解这些内容最好的手段。

7. 子宫输卵管碘油造影的适应证是什么？

（1）不孕症：通过造影寻找不孕原因，了解子宫位置、形态，子宫腔内有无赘生物、内膜炎症、结核等，确定输卵管有无阻塞及阻塞原因和部位；了解有无子宫畸形，并可明确畸形类型；对与生育有关的宫腔粘连亦可做出诊断。

（2）闭经：是否因刮宫后创伤性宫腔粘连导致。输卵管不通需再通者，可根据造影检查观察输卵管现状。

8. 子宫输卵管碘油造影应在何时检查？

子宫输卵管碘油造影应在月经干净后3～7天不同房后进行检查。造影为妇科病的诊断和不孕症的治疗提供方向，哪些可以药物治疗，哪些需手术治疗，哪些应该做试管婴儿，一目了然。

9. 造影结果显示输卵管通而不畅怎么办？

如果发现输卵管通而不畅，一般采用中医药治疗，行之有效。通常采用中药内服、保留灌肠及中药热敷等各种方法治疗，经期可适当运用抗生素消炎，但不能多用，通常应用3～5天，月经干净后可通液1～2次，经过上述综合治疗3～6个月，大多能达到怀孕的目的。

10. 输卵管通液何时进行？

输卵管通液一般在月经干净3～7天后进行，月经干净后不能同房。若超过7天，则子宫内膜已经开始增生，经行宫腔内操作就会对子宫内膜有影响，甚至有较多出血。如果月经干净后有性生活史，经行通液有可能造成宫外孕。

11. 输卵管通液有哪些适应证、禁忌证及最佳时间是什么时候？

输卵管通液是治疗输卵管炎症的一种有效且广泛应用的方法，一般做介入术后即行输卵管通液，此后 2 个月月经干净后进行通液治疗，每个月月经干净后通液 2 次即可；输卵管通而不畅也可配合通液治疗，每个月月经干净后通液 2 次治疗。

禁忌证：对于输卵管伞端粘连及输卵管积水的病人禁用输卵管通液，以免造成输卵管积水或积水更严重。

输卵管通液的最佳时间：一般在月经干净 3～7 天不同房后进行，大于 7 天以上不能作通液治疗，以免分泌期的子宫内膜发生异位病变。

12. 慢性盆腔炎的中医特色治疗方法有哪些？

(1)中药外敷法：将行气活络、清热解毒的中药研成粉末，装袋蒸热外敷，经皮肤渗透进行消炎治疗。

(2)中药灌肠的治疗方法：将清热解毒、活血化淤的中药药液灌注于直肠内，保留一晚上，经过渗透直达病变局部而除病，这一疗法既可消炎，又可起到排便及美容的作用。

(3)中药内服的治疗方法：内服疏肝理气、化淤止痛的中药起到消炎化包块的作用。

(4)消癥膏外治疗法：运用行气活络、活血化淤的中药制成膏剂敷贴在某些穴位上起到软坚散结、消去包块的作用。

在临床上往往根据病情轻重、病变部位及是否有包块等多种情况，运用内服外敷配合或内服外敷加灌肠等多种方法。另外，在导管丝疏通阻塞的输卵管后，运用此种方法加通液治疗，也能有效地保持输卵管的通畅，提高妊娠率。这一特色疗法，解除了不少妇女的痛苦，更使不少不孕病人得以实现夙愿。

13. 输卵管介入术后的治疗流程是怎样的?

输卵管介入术后的治疗流程:介入治疗后抗炎 3 天,同时给中药内服、灌肠及外敷,下次月经来潮时抗炎 3 天,月经干净 3 天后作通液治疗,月经干净 6 天后通液第 2 次,共通液 2～3 个月(抗炎 3 个月),平时坚持中药内服、灌肠及外敷。

14. 灌肠为什么能消除输卵管炎症?

灌肠是用具有泻毒、化淤、理气等作用的药液渗入盆腔组织,以治疗疾病的方法。

灌肠疗法起源较早。早在东汉末年张仲景所著的《金匮要略》中就有用猪胆汁灌肠治疗便秘的记载。至近代,灌肠疗法发展比较迅速,应用于很多局部及全身性疾病并取得较好疗效。其方法简便,吸收迅速,作用较快,还可以避免某些药物对胃黏膜的不良刺激。比如治疗溃疡性结肠炎、尿毒症、肛肠病及盆腔炎等。

由于慢性盆腔炎的病理改变以增生、粘连、包块为主,致病菌往往存在于粘连和增生的结缔组织内,抗菌药物很难起到作用。所以,治疗的关键首先在于使粘连和增生的组织得以松解和消散,而后药物才能发挥作用。中药保留灌肠法将中药药物滴入直肠,与直肠相邻的盆腔里的输卵管等附件可通过药物局部温热刺激和渗透作用,使盆腔血管扩张,血液循环加速,局部药物浓度增加,从而促进炎症的吸收,故能收到较好疗效。

15. 中药外敷的作用是什么?

将新鲜的中草药切碎、捣烂,或将中药末加辅形剂调匀成糊,或将中药末蒸热,敷于患处或穴位的治疗方法称为外敷法。一般外用药均选生猛、芳香、走窜、刺激性较强、透皮、吸收性好的药物。运用清热解毒、活血化淤及芳香透络的中药研末，用布袋包装，蒸热后敷于下腹部，外面再放热水袋以保持一定的温度，外敷中药通过经络的传导作用、皮肤毛窍的吸收作用及外治药物的刺激作用来治疗慢性盆腔炎及输卵管炎症，具有舒筋活络、祛淤生新、消肿止痛、清热解毒等功能，通过皮肤的渗透可对输卵管起到消炎的作用。

16. 中医如何辨治盆腔炎？

(1)湿热淤结证。主要证候：少腹部隐痛，或疼痛拒按，痛连腰骶，低热起伏，经行或劳累后加重，带下量多，色黄，质黏稠；胸闷纳呆、口干不欲饮，大便溏，或秘结，小便赤黄；舌体胖大，色红，苔黄腻，脉弦数或滑数，亦为湿热淤结之象。治法：清热利湿，化淤止痛。方药：银甲丸。

(2)气滞血淤证。主要证候：少腹部胀痛或刺痛，经行腰腹疼痛加重，经血量多有块，淤块排出则痛减，带下量多，婚久不孕；经前情志抑郁，乳房胀痛；舌体紫黯，有淤斑、淤点，苔薄，脉弦涩。治法：活血化淤，理气止痛。方药：膈下逐淤汤(见子宫内膜异位症)。

(3)寒湿凝滞证。主要证候：小腹冷痛，或坠胀疼痛，经行腹痛加重，喜热恶寒，得热痛减，经行延后，经血量少，色黯，带下淋漓；神疲乏力，腰骶冷痛，小便频数，婚久不孕；舌黯红，苔白腻，脉沉迟。治法：祛寒除湿，活血化淤。方药：慢盆汤(《中医妇科学》四版教材)。

(4)气虚血淤证。主要证候：下腹部疼痛或结块，缠绵日久，痛连腰骶，经行加重，经血量多有块，带下量多；精神不振，疲乏无力，食少纳呆；舌质黯红，有淤点，苔白，脉弦涩无力。治法：益气健脾，化淤散结。方药：理冲汤(《医学衷中参西录》)。

(5)外治法。中药直肠滴入、中药热敷和针灸治疗等。

17. 什么是异位妊娠?

受精卵在子宫体腔以外着床称为异位妊娠,包括输卵管妊娠、宫颈妊娠、卵巢妊娠、腹腔妊娠、阔韧带妊娠及子宫残角妊娠等。异位妊娠是妇产科常见的急腹症之一,发病率约为 1%,并有逐年增加的趋势,其中以输卵管妊娠最常见(占 90%~95%)。由于其发病率高,并有导致孕产妇死亡的危险,一直被视为具有高度危险的妊娠早期并发症。

18. 输卵管妊娠常见的病因是什么?

输卵管妊娠多发生在壶腹部(占 75%~80%),其次为峡部,伞部及间质部妊娠少见。目前为止,确切病因尚未明了,西医认为输卵管妊娠可能与输卵管异常(输卵管炎症、输卵管畸形等),受精卵游走,宫内节育环避孕失败等导致输卵管蠕动异常的因素有关。慢性输卵管炎是导致输卵管妊娠的最主要原因,临床上可分为输卵管黏膜炎和输卵管周围炎。严重的输卵管黏膜炎可使输卵管完全堵塞致不孕,轻者使黏膜皱襞粘连导致管腔变窄,蠕动不良而影响受精卵在输卵管内的正常运行,致使中途受阻而在该处着床。输卵管周围炎病变主要在输卵管的浆膜层或浆肌层,炎性渗出造成输卵管周围粘连,致使输卵管扭曲,管腔狭窄,管壁蠕动异常,从而影响受精卵的运行。随着宫内节育器的广泛应用,异位妊娠的发生率增高,这可能与放置后引起的输卵管炎有关。各种形式的输卵管绝育,若形成输卵管瘘管或再通,均有导致输卵管妊娠的可能,而输卵管绝育术后的吻合复通术或输卵管成形术,均可能因管腔狭窄而导致输卵管妊娠。

19. 异位妊娠如何治疗?

异位妊娠治疗方式包括药物治疗和手术治疗。①西药治疗:MTX 疗法,RU486 疗法等。②手术治疗:输卵管妊娠一经确诊,均可行手术治疗。有下列情况者应首选手术治疗：疑为输卵管间质部妊娠；内出血较多；妊娠试验持续阳性，包块继续长大或经非手术治疗无明显效果；要求绝育者。手术方式有：①保留输卵管手术，对于输卵管未破损者，可采用剖腹手术或腹腔镜手术剖管取胚。②输卵管切除术，要求绝育者可行对输卵管结扎术。

20. 异位妊娠如何判定保守治疗还是手术治疗？

异位妊娠是保守治疗还是手术需要根据病情及病人有无生育要求等情况而定。

一般来说，手术治疗适用于：生命体征不稳定或有腹腔出血征象者；诊断不明确者；宫外孕有进展者（如血β-HCG处于高水平，附件区大包块等）；随诊不可靠者；期待疗法或药物治疗禁忌证者。

保守治疗包括期待疗法和药物治疗。期待疗法是指宫外孕可能发生自然流产或被吸收，症状较轻而无需手术或药物治疗（个人觉得可用中药活血化淤消癥以帮助吸收）。药物疗法是指用化学药物加中药治疗，适用于早期要求保存生育能力的年轻病人，无药物治疗的禁忌证，宫外孕未发生破裂或流产，宫外孕包块直径小于或等于4厘米，血β-HCG小于2 000单位/升（U/L），无明显内出血者。在保守治疗过程中应注意观察病人生命体征、腹痛变化，并进行B超和血β-HCG监测，若病情无改善或发生急性腹痛或输卵管破裂症状，则应立即进行手术治疗。

21. 中医如何辨治异位妊娠？

临床上根据病情可分为未破损期和已破损期。辨证治疗的重点是动态观察治疗，尤以判断胚胎死活最为重要，可以参考HCG水平的升降、B超动态观察附件包块的大小和是否有胎心搏动，结合早孕反应和阴道流血情况等来判断。并在有输血、输液及手术准备的条件下进行服药治疗。具体遣方用药时应注意，攻下药不可过剧，中病即止，以免导致再次出血;补气药应适当选用,以免气滞而加剧腹胀、腹痛;尽量不用碳类药,以免使积血结成癥块,难以吸收。

22. 输卵管积水造成的不孕怎么解决?

若输卵管积水,中西医都没有较好的保守治疗方法,输卵管积水对妊娠危害很大。积水中有许多有危害的因子,输卵管向心性蠕动推动配子回到宫腔,同时积水也会流到宫腔,其有害物质会对子宫内膜不利,导致种植失败,或危害到胚胎,造成流产。不孕症的女性发现输卵管积水应积极处理。

目前腹腔镜是较好的治疗方法:①可以进行输卵管造口术。手术排出积水,再行输卵管造口术,若伞端的结构恢复正常,自然怀孕;若伞端结构完全被破坏,最好做输卵管离断术,以免再次积水。②输卵管离断术。输卵管积水严重,输卵管结构严重破坏,只有做输卵管离断术,为试管助孕做好准备。

输卵管炎症一般不做输卵管切除术,以免影响卵巢的血液供应,从而影响卵巢功能。对于无生育要求的病人,输卵管积水可以不手术,但要注意卫生,以免发生输卵管脓肿及盆腔炎等。

23. 哪些病人适合做试管婴儿?

输卵管性不孕症,如输卵管病变(炎症)、输卵管周围病变、输卵管妊娠术后、输卵管结扎和输卵管发育不良可引起输卵管阻塞、输卵管黏膜受损、伞端闭锁或输卵管积液产生细胞因子,直接或间接影响精子卵子质量、受精环境与胚胎发育。

子宫内膜异位症,经药物及手术治疗无效者。尽管轻微的子宫内膜异位症对不孕作用仍有争议,但中至重度的子宫内膜异位症明显的可导致不育,当常规的手术或药物治疗失败后,可考虑进行IVF-ET。

男性因素的不育症,如少、弱、畸形精子或复合因素的男性不育症,经精子洗涤富集后宫腔内人工授精或结合使用促超排卵技术后仍未获妊娠的病人，可行 IVF-ET 治疗。

原因不明性不孕症，经其他辅助生殖技术治疗无效者，特别是经精子洗涤富集后宫腔内人工授精或结合使用促超排卵技术后仍未获妊娠的病人，可行 IVF-ET 治疗。

排卵障碍、顽固性多囊卵巢综合征，经反复(＞3 次)促排卵治疗，尤其是促排卵结合宫腔内人工授精未成功者，可行 IVF-ET 治疗。

24. 哪些情况不宜做试管婴儿？

以下情况不宜做试管婴儿：①男女任何一方患有严重的精神疾病、泌尿生殖道急性感染、性传播疾病。②患有《母婴保健法》规定的不宜生育、目前无法进行胚胎植入前诊断的遗传性疾病。③任何一方有吸毒等严重不良嗜好。④任何一方接触过量的可能具有致畸作用的射线、毒物、药品等并处于作用期。⑤女方子宫不具备妊娠功能或严重疾病不能承受妊娠、分娩。

25. 哪些病人适合做夫精人工授精？

人工授精(AI)是指通过非性交方式将精液放入女性生殖道内。其适应证有：①男方存在阻碍正常性交时精子进入阴道的解剖异常因素，如严重尿道下裂、逆行射精等。②精神或神经因素，如阳痿、早泄、不射精等。③男性免疫不育，如感染、创伤、阻塞等因素导致血睾屏障崩溃，诱发自身免疫抗体产生。④中度精液异常，包括精子密度少、正常形态 10%～30%、严重的精液量减少、精液液化时间长或不液化等。⑤女方存在阻碍精子在女性生殖道运行的因素，如阴道与宫颈狭窄，子宫高度屈曲、性交时阴道痉挛等。⑥原因不明，指导同房失败和性交后实验异常者。

26. 哪些人不适合做夫精人工授精?

有以下情况的,禁止行夫精人工授精:①女方因输卵管因素造成精子和卵子结合障碍,如双侧输卵管阻塞或切除等。②男女方患有生殖泌尿系统急性感染或性传播疾病。③一方患有严重的遗传、躯体疾病或精神、心理疾患。④一方接触致畸量的射线、毒物、药品并处于作用期。⑤一方有吸毒等严重不良嗜好。⑥女方子宫不具备妊娠功能或严重躯体疾病不能承受妊娠的,也不能接受人工辅助生殖。

27. 哪些人适合做供精人工授精?

供精人工授精(AID)是指通过非性交的方法,于适宜的时间将供精者的精子置入女性生殖道内,以达到受孕目的的一种生殖技术。其适应证有:①绝对性男性不育,如各种原因所致的无精子症,特别是非阻塞的无精症,睾丸活检未发现成熟精子者。②男方有遗传性疾病,如精神病、癫痫、严重的智力低下、近亲结婚或已生育畸形儿并行染色体检查有异常者。③夫妇间因特殊血型导致严重母婴血型不合经治疗无效者,如 Rh 血型或 ABO 血型不合者。

28. 哪些人不适合做供精人工授精?

有以下情况的,不能行供精人工授精:①女方因输卵管因素造成精子和卵子结合障碍,如双侧输卵管阻塞或切除等。②女方患有生殖泌尿系统急性感染或性传播疾病。③女方患有严重的遗传、躯体疾病或精神、心理疾患。④女方接触致畸量的射线、毒物、药品并处于作用期。⑤女方有吸毒等严重不良嗜好。⑥女方子宫不具备妊娠功能或严重躯体疾病不能承受妊娠的,也不能接受人工辅助生殖。

29. 人工授精和试管婴儿的区别是什么？

人工授精和试管婴儿统称为辅助生殖技术。

人工授精是通过非性交的方式将精液放入女性生殖道内，按精子的来源不同分为夫精人工授精和供精人工授精。人工授精虽称为“人工”，其实其受孕过程还是一种自然受孕方式。精子进入女性生殖道后，在输卵管内以“自然”的方式使卵子受精，然后分裂、发育成胚胎。因此，人工授精的前提条件是女方输卵管通畅。它适用于：性交障碍、免疫性不孕、精液异常、宫颈因素和阴道狭窄及不明原因不孕的情况。

试管婴儿是将不孕夫妇的卵子和精子取出于体外，于培养皿内受精，并培养成胚胎后移植入病人的宫腔内，让其种植以达到妊娠的目的。试管婴儿的早期过程是在“人工”辅助下完成的。

30. 人工授精有哪些方法？如何操作？

人工授精前夫妇双方都需经过系统全面的检查，通过宫颈黏液评分、B超及快速检测尿中LH浓度，预测排卵，确定人工授精时间。在排卵前后24小时内各授精一次。具体如下。

(1)阴道内人工授精：用注射器连接一塑料管，将精液注入阴道，平卧20分钟。

(2)颈管内人工授精：用扩张器暴露宫颈，将0.2～0.3毫升精液注入颈管内，剩余精液注入前后穹隆，平卧20分钟。

(3)宫腔内人工授精：①原精液少量注入宫腔。将<0.3毫升的精液注入宫腔。由于精液内的前列腺素可使子宫发生痉挛性收缩而致腹痛，也可引起感染，且注入的精液量少，减少了受孕机会，故一般不用此法。②洗涤精液行宫腔内人工授精。经过洗涤可除去精浆中所含抑制受精的因子、前列腺素及抗精子抗体，获得优选浓缩高活力的精子悬液，可提高受孕率。洗涤精液宫腔内注入法为用窥器暴露宫颈，干棉球擦去阴道、宫颈分泌物，将细塑料管经颈管插入宫腔，缓慢注入后平卧

20～30 分钟。洗涤精液行宫腔内人工授精，一般不少于 3 个治疗周期。

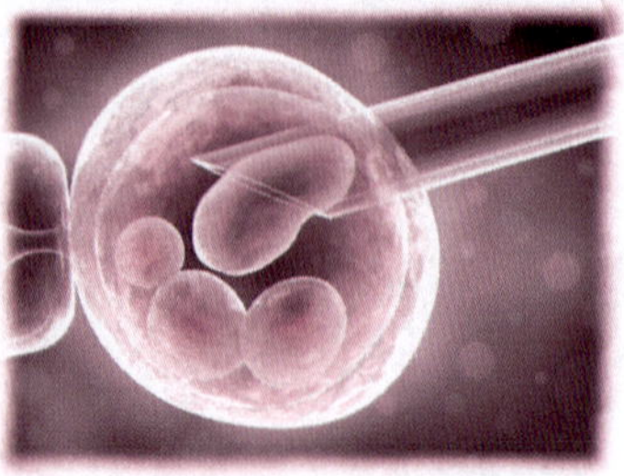

(4)使用子宫颈帽授精：先配制一个与受术妇女子宫颈大小合适的宫颈帽，将丈夫排出的精液置入宫颈帽内，然后覆盖在妇女子宫颈上，让病人回家，24 小时后可自己取出。

(5)腹腔内人工授精：治疗前除了做不育检测外，还需用腹腔镜证实盆腔器官及输卵管无异常。诱发排卵在卵泡直径达 18～20 毫米时肌肉注射 HCG 后 24～38 小时内授精。在无菌状态下通过阴道后穹隆穿刺进入子宫直肠窝，抽吸腹腔液以证实针刺位置正确，也可在腹部 B 超指引下穿刺。平均注入洗涤过的活精子，24～48 小时后卵泡未破裂者再做一次穿刺授精。此后通过血 HCG 及 B 超监测妊娠情况，术后应用抗生素。

(6)卵泡内直接授精：促超排卵。当卵泡直径大于18 毫米时，在阴道 B 超引导下经阴道对 2 个卵泡进行穿刺，分别注入约 2 万个洗涤过的正常精子，术后监测妊娠情况。

31. 暂不生育者能否分别冷冻精子和卵子？

能。冷冻技术不但使试管婴儿中剩余的胚胎得以保存，卵子、精子甚至卵巢组织同样能通过冷冻技术长期保存。我国于 1981 年底建立了第一个精子库。2004 年首例冷冻卵子试管婴儿诞生，目前这项技术已广泛应用于临床中。

32. 行试管婴儿前需完善哪些检查？

辅助生殖的目的是使不孕不育病人能安全地分娩正常健康的下一代，因此在行试管婴儿前必须完成系统的不孕症检查（这部分检查一般在门诊就诊时大部分已经检查，并且已经明确不孕症的病因）、常规的

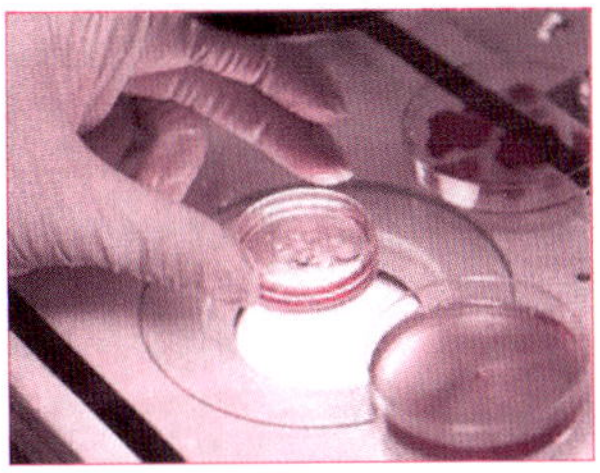

体格检查（如女方胸片、心电图、肝肾功能、血常规、尿常规、乙肝两对半、凝血功能、妇科B超等）以及病原体的检查（TORCH、支原体、衣原体、淋球菌）。另外，男方需要查血型、乙肝两对半、支原体、衣原体、淋球菌，必要时还需检查内分泌、染色体精子功能检查（如精子穿透实验、精子的顶体反应）。无精症者到泌尿外科检查及行睾丸活检，如有无成熟精子等。

33. 试管婴儿有哪些程序？

在完成前面所述检查，并且都正常后，就进入试管婴儿操作程序，其主要过程如下。

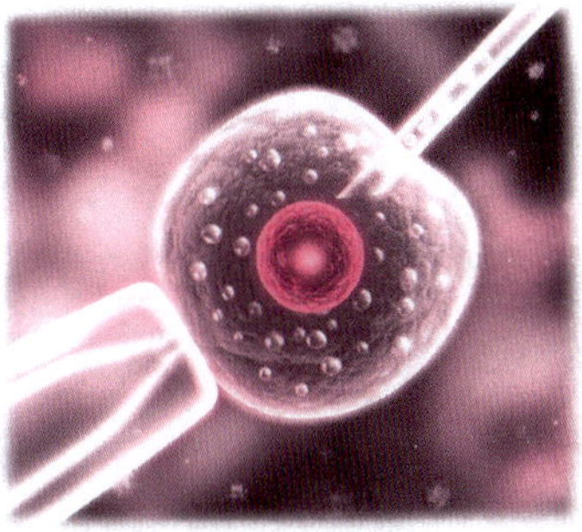

（1）降调期：抑制促超排卵周期的LH升高及LH峰，期望卵巢内的卵泡能同时启动发育，达到卵泡发育同步化，争取在同一时间点有更多的成熟卵泡。

（2）促超排卵：使用药物促使双侧卵巢多个卵泡发育成熟并产生高质量的卵子，常用方案是CC-HMG-HCG及HMG-HCG。

（3）监测卵泡：使用B超监测子宫情况、双侧卵巢大小及其卵泡的多少及大小，从而调整用药剂量，必要时还需测定血清LH、E_2、P水平。

（4）取卵：注射HCG 5 000～10 000单位36小时后，在B超引导下或腹腔镜下取出卵子。

（5）体外受精与培养：精子经洗涤等处理后与卵子一起培养，12～18小时后受精，继续培养发育至2细胞（第1天）、4细胞（第2天）、8细胞（第3天）。

（6）胚胎移植：选择2～3个发育好的胚胎与少量移植液一起注入宫腔内。

（7）黄体支持：在移植之后使用黄体酮或HCG进行黄体支持，以提高成功率。

34. 哪些情况可以接受卵子赠送?

出现以下情况者,可以选择供卵试管婴儿手术:①丧失产生卵子的能力,如先天性卵巢发育不良或不全、绝经后妇女卵巢功能衰竭、卵巢早衰、手术切除卵巢等;②女方是严重的遗传性疾病携带者或病人;③具有明显的影响卵子数量和质量的因素,如幼时腮腺炎并发卵巢炎,更年期妇女卵巢功能下降,原因不明或自身免疫性卵巢炎,卵巢肿瘤,多囊卵巢,子宫内膜异位症,卵巢部分切除术后,癌症病人行放疗、化疗导致的卵巢损伤等。

35. 无卵泡发育或取卵时无卵子怎么办?

病人对激素刺激的反应因年龄、病因等不同而各有差异。正常的成熟卵泡的大小是 18～25 毫米,低于或大于此标准,那都无法正常排卵。造成排卵障碍的因素有:中枢神经系统性无排卵;下丘脑性无排卵;垂体性无排卵;卵巢性无排卵;多囊卵巢综合征;卵泡黄素化不破裂综合征;性腺以外的其他内分泌系统如甲状腺、肾上腺皮质功能失调和一些全身性疾病如重度营养不良可影响卵巢功能的调节而导致排卵障碍。当卵泡过少时,医生会建议放弃该周期。即使有多个卵泡发育,也有可能取不到卵子。建议在月经的2～5天以内抽血检查内分泌和卵巢的功能,及时明确病因,然后再针对性进行治疗,必要时考虑借卵治疗。

36. 无子宫或子宫异常但拥有正常卵巢功能的妇女可以请人代孕来实现为人父母的愿望吗?

因为该操作方案涉及较多伦理法律问题,各个国家对此技术的法律法规不一。我国规定任何医疗服务机构和医务人员不得实施任何形式的代孕手术。同时也制定了禁止以任何形式买卖配子、合子、胚胎,进行无医学指征的性别选择等有关辅助生殖技术的一系列法律法规。

37. 试管婴儿能选择性别吗?

不可以。现在医院一般只做一代和二代试管婴儿,这两种都不能选择婴儿的性别,只有三代的才可以做性别选择,但前提是一定要有选择性别的病症,需要提供相关证明,能证明有家族遗传性疾病,并且还是那种只传男(女)的。主要用于防止性连锁遗传病的患儿妊娠,避免了高危夫妇在发现胎儿异常后终止妊娠的痛苦。

38. 试管婴儿能避免宫外孕吗?

不能避免。宫外孕的发生与输卵管通畅的程度有着直接的关系。输卵管不畅通会引起不孕,也能引发宫外孕。妇女正常怀孕的时候可能发生宫外孕,试管婴儿也可能发生宫外孕。

有很多病人有着这样的认识,认为输卵管疏通术治疗后有发生宫外孕的危险,故非常担心,而认为试管婴儿才是避免再次发生宫外孕的最佳选择。病人认为,试管婴儿是把精子和卵子在体外培养后再送到子宫腔里,因精卵结合的过程不经过输卵管,所以不会发生宫外孕。上面的观点看似正确,其实不然。有专业知识的人则知道,实际上试管婴儿的宫外孕发生率比输卵管复通术后的宫外孕发生率还要高。所以只是为了避免宫外孕的发生而放弃输卵管堵塞的复通治疗,直接选择试管婴儿治疗,从其医疗风险、医疗费用、宫外孕的发生率等方面来看都是得不偿失的。因为在第三天胚胎被放进子宫里面的移置过程中,胚胎是通过一条移置管注入子宫腔内,这就与输卵管通畅性检查的造影和通液有着类似的原理,这时的胚胎组织很小,被注入输卵管的可能性很大,同时,胚胎移植后通常还要在宫腔内游离 3~4 天才能找到最佳着床点,然后着床,临床妊娠。如果在这一段时间里胚胎跑到输卵管里面去就会引起宫外孕。现在没有好办法预防试管婴儿发生宫外孕，除非在试管婴儿手术前切除双侧输卵管，这无疑又让病人增加并承担了新的手术创伤及医疗风险，同时也增加了病人的经济负担。

39. 试管婴儿能避免习惯性流产吗？

试管婴儿不能避免习惯性流产。试管婴儿适用于无法受孕的女性，试管婴儿本身即使能够成功，发生流产的概率也比较高。习惯性流产是指自然流产大于3次，其发生的原因有很多，包括免疫性因素、遗传性因素、感染性因素、内分泌性因素、解剖因素等。在目前这种情况大多数是可以通过治疗后自然生育的。建议到医院详查，明确流产的病因，针对治疗。

40. 试管婴儿一定能生双胞胎吗？

不一定。试管婴儿是通过促排卵技术促进女性卵巢内的卵泡发育，然后从中取出卵子进行体外人工授精，再将发育的胚胎移植到子宫里孕育。如果有两个受精卵成功地在子宫里生根发芽就可以生双胞胎，但成功率不是很高，大约不到一半。

41. 如果排卵正常，进行试管婴儿时还需要促排卵吗？

促排卵意为促进卵巢的排卵功能，包括诱发排卵和超排卵。诱发排卵指在对排卵障碍的病人采取药物或手术的方法诱发卵巢的排卵功能，一般以诱发单个卵泡或少数卵泡的发育为目的。超排卵是指以药物的手段在可控制的范围内诱发多个卵泡的发育和成熟，其应用的对象本身多有正常的排卵功能。正常生育年龄女性，每一周期可供应用的卵子通常只有一个，如果进行试管婴儿成功率很低。为了提高成功率，在试管婴儿过程中，常采用控制性超促排卵技术。

42. 常用促排卵方案有哪些？

常用的促排卵方案包括长方案、超长方案、短方案、拮抗剂方案、轻微刺激方案等。

长方案：一般于月经中期（月经第 21 天或排卵后 1 周）开始使用 GnRHa，2 周后加用 Gn 直到注射 HCG。

短方案：月经第 2 天开始使用 GnRHa，同时使用 Gn 直到注射 HCG。

拮抗剂方案：月经第 3～5 天开始使用 Gn，当卵泡直径≥14 毫米时每天注射拮抗剂直到注射 HCG。

轻微刺激方案：用低剂量 Gn 或氯米芬加 Gn，以获得多个卵泡发育的促排卵方案。

超长方案：一般用于子宫内膜异位症病人，注射 1～3 支长效达菲林后使用 Gn。

43. 如何选择促排卵方案？

选择促排卵方案主要根据个体化原则。长方案是一种传统的经典方案，80%以上使用长方案，所获得的临床妊娠率比较稳定。国际上也有很多研究机构将拮抗剂方案和短方案作为常规使用方案，其妊娠率也较高。轻微刺激方案因为其对卵巢的刺激作用轻微，多胎和卵巢过度刺激综合征等并发症发生率低，近年来得到了许多生殖专家的青睐。此外，促排卵方案在传统方案上进行个体化调整，调节药物类型、剂量、辅助用药乃至多种方案联合等可获得最佳临床妊娠结局。

44. 取卵的过程是怎样的？

当 2～3 个以上的卵泡直径大于 18 毫米，且与血清 E_2 水平相当时，便可注射 HCG 促使卵泡成熟。注射 HCG 36 小时之后即可取卵，术前 30 分钟肌注哌替啶，必要时可采用静脉麻醉。经阴道 B 超引导下，将取卵针穿过阴道穹隆，直达卵巢吸取卵子，并立即将卵子移送至含胚胎培养的培养皿中，置于培养箱中培养。取卵过程约 20 分钟，术后观察 2～3 小时。

45. 为什么会出现促排后无卵泡发育或取卵时无卵子？应怎样处理？

大部分病人在经过促排卵时都可以获取数量不等的卵子，但有极少部分病人经过合适的方案，仍无卵泡发育，或取卵时无卵子（空卵泡综合征）。无卵泡发育最主要的原因就是卵巢功能下降，窦卵数量少，或对 HMG 反应不良。空卵泡综合征的原因可能有：HCG 作用时间不足或剂量不足，卵母细胞尚未成熟；卵巢功能不良；卵巢老化所致卵泡生成障碍；卵母细胞发育障碍（遗传因素或基因异常）。

若是 HCG 因素可以纠正使用剂量，延迟取卵时间；若是卵巢因素可以通过中药结合针刺改善卵巢功能。在我们临床中有很多卵巢储备功能下降的病人，通过服用补肾填精、疏肝活血的中药，加用针刺中极、关元、子宫、三阴交等穴位，得到明显的疗效。

46. 试管婴儿对母体有什么影响？

辅助生殖技术的超促排卵对母体的影响主要有卵巢过度刺激综合征，主要临床表现为胸水、腹水、肝肾功能损害、卵巢肿大、扭转、血栓形成等。根据现有资料，尚未发现应用促排卵治疗后卵巢癌的发生率高于一般人群的报道，但需进一步观察追踪。尤其是促排卵后持续卵巢增大、卵巢囊肿及有癌症家族史者，更应加强监测。促排卵过程中，多卵泡发育和排卵产生高水平的雌激素，可能使妇女面临乳腺癌潜在性生长的环境，目前虽尚无证据证明促排卵会引起乳腺癌发生率的增加，但定期检查是需要的。

47. 试管婴儿对后代有什么影响？

试管婴儿的超促排卵、对精子或卵子的操作、配子在体外环境下受精、胚胎的体外培养、对胚胎的操作、胚胎移植等与自然生育过程有所区别，对下一代的影响值得重视。首例试管婴儿诞生至今 30 余年，统计学资料显示，试管婴儿的先天性畸形率和染色体畸变率未见高于自然受孕者。试管婴儿的多胎妊娠发生率明显高于自然受孕者。个别报道试管婴儿的男性新生儿尿道下裂发生的危险性高于自然受孕者。

48. 精子和卵子在体外怎样受精？

精子和卵子在输卵管内受精时仅需少量的精子，但在体外受精时需要 5 万～10 万条精子以获得较好的受精机会。将收集的卵子和处理过后的精子一起放在特殊的培养液(在实际工作中将培养胚胎的培养液称为受精液)中培养，若无法自然受精，则需进行卵浆内单精子注射来帮助受精，12～18 小时后观察是否受精成功。

49. 胚胎如何分级？

根据胚胎的形态学参数，将早期胚胎分为如下 4 级。

Ⅰ级：细胞大小均匀；形态规则；透明带完整；胞质均匀清晰；没有颗粒现象；碎片占 0～5%。

Ⅱ级：细胞大小略有不均匀；形态略有不规则；胞质有颗粒现象；碎片占 10%～20%。

Ⅲ级：细胞大小明显不均匀；形态明显不规则；胞质有颗粒现象；碎片占 21%～50%。

Ⅳ级：细胞大小严重不均匀；胞质有严重颗粒现象；碎片 50%以上。

一般来说，1 级和 2 级胚胎具有良好的着床潜能，3 级胚胎的着床潜能减弱，而4级胚胎几乎不具备着床能力。

50. 试管婴儿如何选择移植胚胎数？

辅助生殖技术领域中如何选择移植胚胎的数目一直存有争议，不同国家之间允许移植的胚胎数有所不同。我国卫生部规定 35 岁以下第一周期的病人移植 2 个胚胎，其余病人可移植 3 个胚胎。如何在保证成功率的基础上降低多胎妊娠的发生？近年来随着试管婴儿技术的发展，成功率大大提高，越来越多的学者提倡单胚胎移植以降低多胎妊娠率。

51. 什么是减胎术？为什么要减胎？

一次妊娠同时有 2 个或 2 个以上的胎儿形成称为多胎。促排卵药物的应用、试管婴儿、辅助孵化等技术的开展，导致多胎妊娠率明显增加。多胎妊娠母婴并发症如妊娠高血压综合征、妊娠期糖尿病、产后出血、流产、早产、胎儿宫内受限、低体重儿等增加，围产儿死亡率双胎高于单胎 3 倍，三胎高于单胎 5 倍。

减胎术是为了改善多胎妊娠的结局，采用人为的方法减灭一个或多个胚胎，从而改善妊娠的产科及其他方面的结局。目前此技术已安全应用于妊娠各期。可分为经阴道减胎术和经腹部减胎术。减胎术存在一定风险，如保留胚胎流产、感染等。因此，在治疗过程中应尽量避免多胎妊娠的发生。

52. 何为胚胎冷冻？冷冻时限是多久？

胚胎冷冻是将通过试管培育技术得到的胚胎置于－196℃的液氮环境中使胚胎处于静止状态而得以长时间保存的技术。在试管婴儿过程中，由于 Gn 的使用，一个周期可获得多个卵子，从而使受精后形成的胚胎数多于一次移植所需的胚胎数，将一次移植后剩余的胚胎冷冻保存，待以后进行胚胎复苏、移植以增加每取卵周期的妊娠机会。大多数低温生物学家认为，几乎所有的生物材料均可在−196℃下储存至少10年而不发生明显的变化。我国目前对冷冻胚胎保存时限尚无明确规定。

53. 二胎政策的放开会让冷冻胚胎的再利用增加吗？

从国家卫生计生委获悉，目前，大多数省市已经正式启动实施“单独二孩”政策，在想要拥有第二个孩子的家庭中，通过辅助生殖拥有了“第一胎”的家庭无疑是最特殊的，他们通过试管婴儿拥有了自己的第一个孩子，为了保证成功率，辅助生殖的过程中需要培养多个胚胎，而剩下的胚胎会在父母的要求下通过低温保存，如果孩子没有顺利降生，这些胚胎将在再次手术时被唤醒，或在国家政策允许的情况下，用来生育“二胎”。因为这些家庭怀孕不易，这些冷冻的生命种子，成为了父母心底的最后一根保险丝。这些冷冻胚胎的父母，超过5成都是单独家庭，随着“单独二孩”政策的逐步实施，这些冷冻的胚胎，开始有了被重新唤醒的希望。

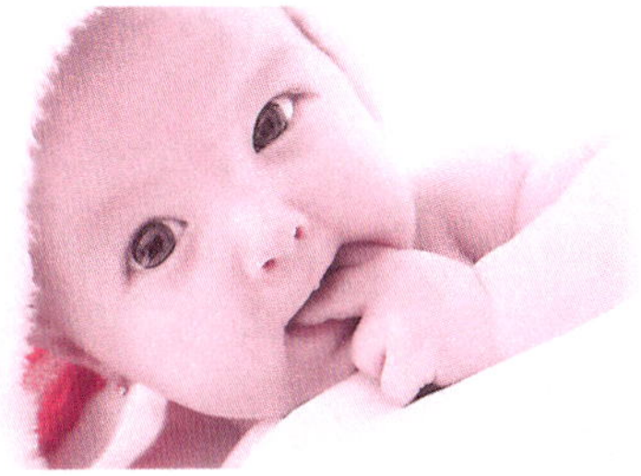

54. 何为囊胚？

卵子和精子完成受精后通过有丝分裂方式发育成许多小的卵裂球，当卵裂球数目达到16细胞以上时称为桑葚胚。大约在胚胎发育到32细胞时(受精后第5～6天)，胚胎形态发生变化，卵裂球发生分化，形成由滋养外胚层细胞层和内细胞团两部分组成的中空的胚体，是为囊胚。

由于在培养囊胚过程中一部分质量差的胚胎被淘汰，能培养成囊胚的胚胎发育潜能更强，因此囊胚移植的成功率更高。对于胚胎质量好的病人更可以选择单囊胚移植以避免多胎妊娠的发生。

55. 子宫内膜形态如何分类？

子宫内膜呈周期性变化，月经周期的不同阶段，在B超下其形态不同。根据其在B超下的形态将子宫内膜分为A、B、C三型。月经期内膜较薄，回声不均匀，增殖期（第5～14天），内膜逐渐增厚，B超下形成三条线状强回声，即“A”型内膜。排卵后24～48小时内膜厚度少许增加，48小时后功能层内膜的低回声逐渐变成强回声，三线征消失，内膜全层呈较均质高回声，即“C”型内膜。形态介于A、C之间，即为B型内膜。

56. 试管婴儿的子宫内膜厚度多少适宜？

B超下的子宫内膜形态在评价子宫内膜的接受性方面的作用非常有限，不能准确地反应子宫内膜组织学改变。文献报道，胚胎种植成功的最低限度的子宫内膜厚度为5～6毫米。

57. 辅助生殖技术有哪些并发症？

一般来说辅助生殖技术是比较安全的治疗方法，较少出现并发症。但因个体差异亦有可能出现一些并发症。

（1）卵巢过度刺激综合征：在行促排卵治疗时，有可能发生卵巢过度刺激综合征（OHSS），严重过度刺激征发生率为1%，可通过B超监测卵泡发育情况与测定血清中E_2水平进行预测。

（2）异常的妊娠结局：在辅助生殖中多胎妊娠发生率可达20%，宫外孕发生率为2%～8%，自然流产率为20%～30%。

（3）盆腔感染：在行IUI将导管放入宫腔而将精液注入时，或在试管婴儿中将胚胎植入宫腔时，有可能增加子宫及输卵管感染的机会。此类并发症较少见。

（4）出血与损伤：在取卵穿刺过程中不可避免会损伤卵巢及其周边

组织，因此取卵过后应给予抗生素预防感染。

58. 供精人工授精后会出现子女近亲结婚的可能吗？

关于AID的法律和规章都规定，要求供精者和受精者本人及受精者丈夫签署"知情同意书"，并严格限制使用同一个供精者精液的次数，即严格限制用同一供精者的精子受精所生的孩子数目。在我国，一个供精者的精子最多只能提供给5名妇女受孕，这样后代结婚的可能性微乎其微。

59. 人工授精成功率是多少？费用大概是多少？

人工授精的成功率为15%～20%，与每周期平均自然受孕率相似。人工授精无需取卵、胚胎培养、胚胎移植等过程。因此，其费用大大低于试管婴儿。女方如无排卵障碍也无需促排卵治疗和黄体支持治疗，由于是自然受孕，对女性身体造成的影响极小。

人工授精的费用包括夫妻双方的检查、排卵监测、精液的洗涤、人工授精的操作费等费用。一般一个周期的费用约2 000元。

60. 影响人工授精成功的因素有哪些？

(1)人工授精时机：人工授精的时间在排卵前48小时至排卵后12小时内最容易成功，预测排卵准确而可靠的方法是B超监测和测定血清LH、E_2。

(2)年龄因素：当年龄超过30岁，妊娠率逐渐降低；超过35岁者，易发胎儿畸形。

(3)基础疾病：如子宫内膜异位症、盆腔炎、子宫畸形等均会减少成功率。

基于上述原因，一般在每月进行的人工授精中每一周期的成功妊娠率为10%～20%。

61. 试管婴儿成功率是多少？大概费用是多少？

最早期的试管婴儿技术在自然周期取卵进行，每一周期可供应用的卵子通常只有一个，因而成功率很低。超排卵技术引入辅助生殖技术后，每周期可获得多个卵母细胞，成功率得到了很大提高。目前每移植周期的临床妊娠率为40％～50％。

试管婴儿的费用包括前面所述的夫妻双方的各项检查、促排卵药物、卵泡监测、手术费用(即取卵手术、胚胎培养、胚胎移植术、胞浆内单精子注射术等)、胚胎冷冻及管理费等。我国不同地区费用略有不同，平均费用2万～3万元人民币。

62. 影响试管婴儿成功的因素有哪些？

年龄是影响女性生育能力的重要因素。25～30岁是女性最佳生育年龄，35岁以后女性卵巢功能减退，生育能力明显下降，试管婴儿成功率明显低于更年轻病人，因此经过规范的诊断和治疗的不孕女性需做试管婴儿时“宜早不宜迟”。

子宫内膜是胚胎种植的“土壤”，子宫内膜病变如宫腔粘连、子宫内膜炎、子宫内膜息肉、子宫腺肌症、子宫肌瘤等都将影响胚胎的着床而导致妊娠失败。

输卵管积水时，聚集的液体流至宫腔，对胚胎有毒性作用，也将降低试管婴儿的成功率。

子宫内膜异位也是试管婴儿失败的常见原因。此外，促排卵药物及方案的选择，实验室环境，工作人员收集卵子、精子，胚胎培养等技术操作水平都将影响成功率。

63. 输卵管积水对试管婴儿有何影响？

目前多数学者认为输卵管积水对试管婴儿影响机制可能如下。

（1）输卵管积水对子宫内膜容受性的影响：输卵管积水的潴留液体返流至宫腔，造成宫腔积水，能机械性干扰胚胎与子宫内膜的接触。

（2）输卵管积水内的微生物、碎屑和毒性物质可直接进入宫腔，输卵管积水的存在使组织释放细胞因子、前列腺素、白细胞趋化因子和其他炎性复合物，直接或通过血液、淋巴管转运而作用于子宫内膜，影响胚胎着床。

（3）输卵管积水常由感染引起，且多为上行感染，造成子宫内膜损伤，留下永久性的对胚胎种植容受性的影响。

（4）输卵管积水对胚胎的毒性作用：胚胎的着床亦取决于胚胎质量，但来自输卵管积水的毒性物质在胚胎移植时流入子宫腔，对移入宫腔的胚胎产生毒素作用，影响其发育，减低其着床能力，降低胚胎种植率及妊娠率，增加流产率。

64. 子宫内膜异位症对试管婴儿有何影响？

子宫内膜异位症病人与其他因素不育病人相比，行试管婴儿治疗的 E_2 峰值和获卵数、受精率和胚胎植入率均下降。子宫内膜异位症主要导致试管婴儿中卵巢对超排卵的反应性降低。虽然目前国内外在子宫内膜异位症的严重程度对控制性超排卵是否存在影响的问题上仍没达成共识，但不少学者的研究均显示子宫内膜异位症病人行试管婴儿治疗时，卵巢反应性下降，随病情加重，获卵数减少，卵子质量下降。其可能机制如下。

（1）子宫内膜异位症病人卵巢局部微循环异常：子宫内膜异位症由于自身免疫缺陷使体液免疫和细胞免疫均产生异常，并介导卵巢组织炎症反应和纤维化。已有研究表明，随子宫内膜异位症病变程度的加重，腹腔内部分趋化因子及细胞因子增加，卵巢纤维化使其局部血液循环不良。

（2）中重度子宫内膜异位症病人卵巢经手术治疗后，对正常卵巢组织有不同程度的损伤。在手术剥离卵巢内膜异位囊肿时，将含有卵泡的卵巢皮质也剥除了；在腹腔镜下使用双极电凝卵巢内膜异位囊肿时，对卵巢产生热损伤。

65. 新鲜胚胎和冷冻胚胎移植的成功率有区别吗？

冷冻技术的发展大大提高了周期取卵的累积妊娠率。取卵周期移植 2～3 个新鲜胚胎，将其余胚胎冷冻保存，新鲜胚胎移植失败病人或因卵巢过度刺激综合征及其他原因暂时不能移植的病人日后行冷冻胚胎解冻复苏后移植。新鲜胚胎移植和冷冻胚胎移植成功率接近。有些学者认为，冷冻胚胎移植由于避免了促排卵药物对机体的影响，其成功率超过新鲜胚胎移植。

66. 中医对试管婴儿辅助治疗方案是怎样的？

中医辅助试管婴儿的病人，主要采取分期治疗，大大提高了病人的受孕率，减轻病人在试管婴儿施术中的不良反应。

准备前期：根据病人的具体病情，辨证论治，调整病人的生殖生理、病理情况，选择适应试管婴儿的最佳方案。

(1)卵泡募集期(降调期)

1)中药：通过滋养肝肾、养心健脾，并调和阴阳，助卵生长，募集多个卵泡，并使卵泡生长同步化，以利于获取较多的优质卵泡用于体外受精。

2)针灸＋耳穴＋穴位注射：针刺取穴三阴交、关元、子宫等穴，隔日一次或一周 2 次；并配合艾灸以起到暖宫散寒、通经活络、行气活血的作用；耳穴取内生殖器、神门、心、肝等穴，每日轻揉 4～5 次，每次5～10 分钟；足三里、血海、三阴交注射丹参注射液。

3)食疗：饮食宜清淡，宜食富含维生素、蛋白质类营养的食物；忌食油炸、烧烤、辛辣之品；忌狗、羊、牛肉。以下供参考，可交替选择。A：党参 10 克、黄芪 10 克、山药 10 克、当归 10 克、大骨适量煲汤，每周 1～

2 次。B:胡萝卜适量、香菇适量、沙参 10 克、玉竹 10 克煲汤,每周 1～2 次。C:黄精 10 克、石斛 10 克、黑豆 10 克、大枣 3 枚、大骨适量煲汤,每周 2 次。D:小米粥、燕麦粥,每周 2 次。

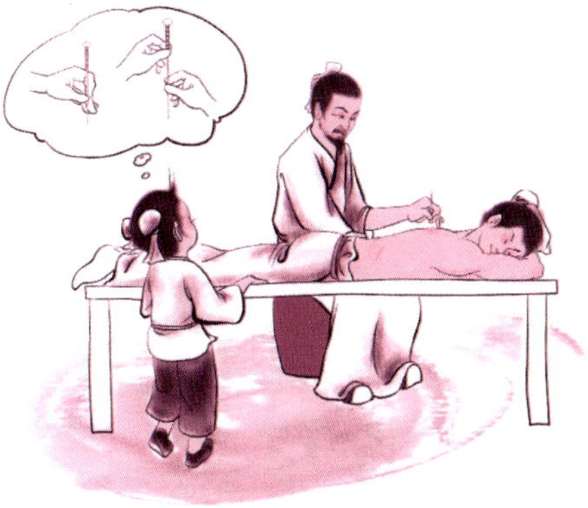

(2)促排卵期

1)中药:通过温阳补肾、活血通络,促进优势卵泡快速发育和生长,以利于顺利取卵;并健脾益气、填精补肾,助膜同步生长。

2)针灸＋耳穴＋穴位注射:针刺取穴三阴交、关元、足三里等穴,隔日 1 次或 1 周 2 次;配合艾灸以起到温中逐寒、暖宫的作用;耳穴取内生殖器、盆腔、心、肾等穴,每日轻揉 4～5 次,每次 5～10 分钟;足三里、血海注射丹参注射液。

3)食疗:宜食虾皮、鸽肉、鹌鹑蛋及豆浆、豆制品等;忌生冷酸涩之品。可交替选择如下方案。A:莲肉 10 克、龙眼 10 克、山药 10 克,鸽肉适量煲汤,每周 1～2 次。B:莲肉 10 克、石斛 10 克、大枣 3 枚,鹌鹑适量煲汤,每周 1～2 次。C:石斛 10 克、山药 10 克、香菇适量、胡萝卜适量、鹌鹑适量、鹌鹑蛋 3～5 个煲汤,每周 1～2 次。D:大骨粥,每周 1～2 次。

(3)取卵后期(移植期)

1)中药:通过健脾补肾安胎,加速取卵后子宫内膜的生长,尽可能与 ET 胚胎发育同步;促进胚胎种植和生长。

2)食疗:饮食宜清淡;忌食油炸、烧烤、辛辣之品;忌大温大燥活血之品,如狗、羊、牛肉、桂圆、荔枝、山楂等;忌寒凉之品,如螃蟹等海鲜食品。

67. 试管婴儿后早期保胎为什么非常重要？

早期保胎是指排卵并同房后即予以补肾安胎中药加黄体酮保胎，其目的如下。

从西医角度上看，补肾安胎的中药和黄体酮能够提高子宫内膜耐受性，提高胚泡着床率。

从中医的角度来讲，肾主生殖。《黄帝内经》说："女子七岁，肾气盛，齿更发长；二七天癸至，任脉通，太冲脉盛，月事以时下，故有子"。此天癸即由肾精转化而成，相当于现在西医学的性激素等。补肾安胎的中药通过"肾气-天癸-冲任-胞宫"的生理轴起到促进怀孕、防治流产的作用。

68. 取卵后为何会出现腹水？中医如何治疗？

因为在取卵的过程中，不单单取出了卵泡，同时也将大量颗粒细胞一同吸出，特别是当取卵个数大于 20 个时，对卵巢功能造成不容忽视的损害，从而出现腹胀、腹水、恶心、呕吐等卵巢过度刺激综合征。中医辅助治疗采用温肾、助阳、通络、行气、利水之法。

69. 辅助生殖治疗时，子宫内膜偏薄怎么办？

临床上经常遇到行人工授精或者试管婴儿的病人因子宫内膜薄而止步的，很多病人求助于中医。中医认为，子宫内膜薄的原因主要责之于虚及淤，主要机理为精亏血少，冲任气血不足，或寒凝淤阻，冲任气血不畅而致。治疗上需辨证，分辨虚实，虚证者重在补肾益精，或补气养血以滋气血之源；实证者重在温经行滞，或祛淤行血以通调冲任。中医的主要方法为口服中药、针刺穴位、艾灸、穴位注射等，临床上均需辨证治疗，选方、选穴各有不同。

三、男性因素

1. 什么是男性不育症？

世界卫生组织推荐，夫妇婚后同居 1 年以上，未采取任何避孕措施，由于男方原因造成女方不孕者，称为男性不育症。男性不育症可能是多种综合因素造成的结果，而不是一种独立的疾病。随着男性科学的发展，人们揭开了许多有关人类生殖的奥秘。据西方欧美等国的统计资料，在已婚人群中约 15%的夫妇出现不孕不育，其中单纯由于男方因素引起者占 30%～40%，男女双方因素占 10%～15%，故男方因素合计为 40%～50%。由此可见，男性不育在不育症中占有较大比例，应引起足够重视。

2. 男性不育症的诊断时间为何定为 1 年？

很多人常问医生，婚后多久没有小孩才算不育？一般认为，未采取避孕措施的育龄夫妇，每一个月经周期平均有 25%的机会怀孕，50%在婚后 3 个月内应当怀孕，72%在婚后 6 个月内应当怀孕，80%～85%在婚后 12 个月内应当怀孕，而不育症可能影响到大约 10%的育龄夫妇。所以，若婚后 1 年以上进行有规律的性生活，未采取任何避孕措施，而未能生育，就应考虑不育症的可能。

3. 男性不育症的发病率有多高？

不育症的发病率与种族、民族风俗、生活习惯、性传播疾病，以及社会、气候、环境等因素有关。据世界卫生组织统计，世界发达国家 5%～8%的育龄夫妇可能有不育问题，而发展中国家的某些地区可高达 30%。据美国学者报道，婚后 10%的夫妇不育，其中 20%～25%是由于男方存在不育因素，其余50%～60%是女方原因引起。特别值得提出的是，近年来男性不育症发病率有上升趋势，应引起我们足够的重视。

4. 男性不育症在生活上要注意什么？

男性不育病人除了要查明病因、进行针对性治疗外，生活上也应当加以注意。①心理上要坦然，不能过分焦虑和紧张。焦虑和紧张不仅无益于不育症的康复，反而可通过神经内分泌机制导致精子数量减少和活动力下降。看病时不能频繁更换医生和药物，因为睾丸制造精子需要7天左右，精子从睾丸排出后还要在附睾中经过20天左右的成熟过程，才能排出体外，即使药物有效，也要在3个月后才能显效。因此治疗不育症常以3个月为1个疗程。②避免不良环境因素。很多不良环境因素，如放射线、有毒化学物质、高温等可以使睾丸生精细胞受到损伤，从而使精子无法生成，因此，要注意防护。吸烟可抑制精子活动力，畸形精子的数量也明显增加。长期过量地饮酒可使睾丸产生男性激素和精子下降，还可导致勃起功能障碍的发生，因此应尽量避免吸烟、饮酒。咖啡因对于生精细胞有毒性作用，因此不要饮含咖啡因过多的饮料，如可乐、浓茶等。③保持阴囊于较低温度。阴囊温度较体内温度低2℃，睾丸才能正常产生精子。所以不能长时间久坐，也不宜穿紧身裤。④增加营养。胆固醇是合成性激素的重要原料，可适当多吃一些肝、脑、肠等动物内脏，以利于性激素的合成；精氨酸是精子形成的必要成分，它是蛋白质的基本成分，多吃富含精氨酸较多的食物，如瘦肉、鱼、鸡蛋、牛奶等会有利于生育，尤其是多吃冻豆腐、豆腐皮、核桃、芝麻等精氨酸较多的食物更有益于生

精。锌是人体的重要微量元素，缺乏后可使睾丸萎缩、性功能减退，食物中以牡蛎、牛肉、鸡肝、蛋黄等含锌最多，可经常食用这些食物；也可

经常服含锌的药物，如硫酸锌、葡萄糖酸锌等。维生素A、维生素B、维生素C、维生素E等都是产生精子所必需的，经常服用一些维生素药片，有利于补足各种成分的缺乏。⑤科学房事。研究发现，每天房事1次，精液质量会下降；隔天1次，精液质量就能基本保持正常。精液若长期不排出，精子反而会老化而失去活力，并被其他细胞吞噬。因此，平时不要故意克制性要求，把受孕希望寄托在排卵期，这样反而因精子老化而失去受孕机会。最佳方案应在预计排卵之日的前一天开始隔日房事1次，共3次，这样可使精子有更多机会在女性生殖道内等候着卵子的到来，从而一举结合成功。

5. 食疗用于男性不育症有何优点？

食疗具有安全有效、副作用少、取材方便、进食可口等优点。某些食物还有滋补保健、抗功能衰退的功效，因此极易为人们所接受，病人可以长期坚持服用。如果食物疗法与药物疗法同时进行，作为药物疗法的辅助疗法，更能起到食借药威、药助食性的作用，食药同用，相辅相成，相得益彰。

6. 怎样用饮食调补精子？

人体的营养来源于食物，男性精子的质量与食物有着密切的关系。很多男性患不育症后，往往只注重求医问药而忽视饮食调补。其实，只要稍微注意饮食调理，便能有助于生精功能而有益于生育能力的提高。饮食如何调补精子？饮食调补精子需要注意以下几点。

(1)选择优质蛋白质食物。蛋白质是产生精子的主要原料，应多食含蛋白质丰富的食物，如瘦肉、狗肾、禽蛋、鱼、虾、蟹、干贝、牛奶、鸡、鸭、牛肉、羊肉及豆制品等。

(2)多吃含精氨酸丰富的食物。精氨酸是精子形成的必要成分，可多吃含精氨酸丰富的食物，如墨鱼、章鱼、淮山药、鲜鱼、海参、蟹黄、黑鱼、蹄筋、冻豆腐、豆腐皮、花生米、核桃、芝麻、鸽蛋、紫菜等。

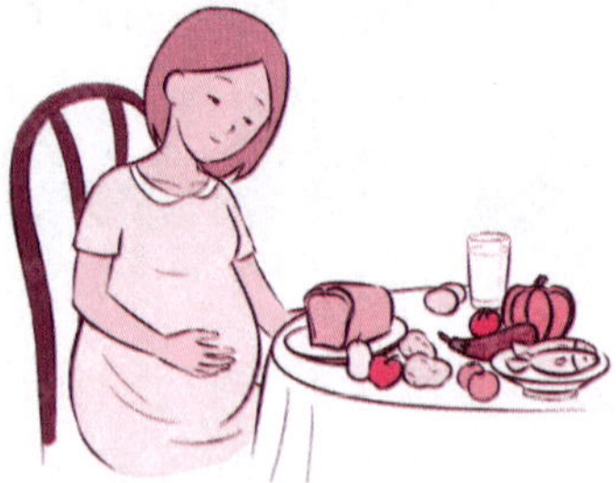

(3)补充多种维生素。维生素 A、维生素 B、维生素 C、维生素 E 等是产生精子和精液的原料,可调节性腺功能,增强精子的活力,增强副性腺抗感染能力。这些维生素广泛存在于动物肝脏、植物油、绿叶蔬菜、胡萝卜、豌豆、西红柿、扁豆、莴苣、菜花、南瓜、土豆、甘蓝、大蒜、大枣及新鲜水果中。

(4)适当增加富含性激素的食物。羊肾、猪肾、狗睾丸、牛鞭、鸡肝、禽蛋等富含性激素及合成激素所需的胆固醇、卵磷脂等,能促进精原细胞分裂和成熟,对生精有益。人胎盘和脐带也有较高的性激素,也能激发精子的产生。

(5)摄入各种矿物质和微量元素。由于饮食习惯的不同及某些疾病的影响,有些人钙、磷、铁、碘、锌、硫、铬、硒、锰、镁等微量元素往往供给不足。富含上述微量元素的食物有鱼、虾、海参、紫菜、海带、骨头汤、禽蛋、木耳、山药、核桃、蜂蜜、桂圆、洋葱、大蒜、冬瓜、蚕豆、黄花菜、葡萄、红糖等。特别值得提出的是,牡蛎含锌极为丰富,对精子生成有特殊功效。

7. 促进生精的药膳有哪些?

专家指出,因为精子问题而不育的男性,常食一些补肾生精的药膳,不仅有保健强身之功效,还可望恢复生育能力。下面介绍一些药膳的配料及其烹制方法。

(1)羊肉锁阳汤。

材料及做法:羊肉 500 克,仙灵脾、锁阳、黄精各 15 克。将羊肉洗净切成小块,3 味中药为末,用纱布袋装后扎紧。肉与药放入锅内,加清水煨至酥烂,调味后当菜服食。

功效:此药膳对于精子少伴气血虚、脾胃弱者较为合适。

(2)猪腰炒核桃。

材料及做法:核桃肉 30 克,猪腰 2 只(切片),猪油少许,同置锅中炒熟，每日临睡前趁热食用，分 3 日吃完。

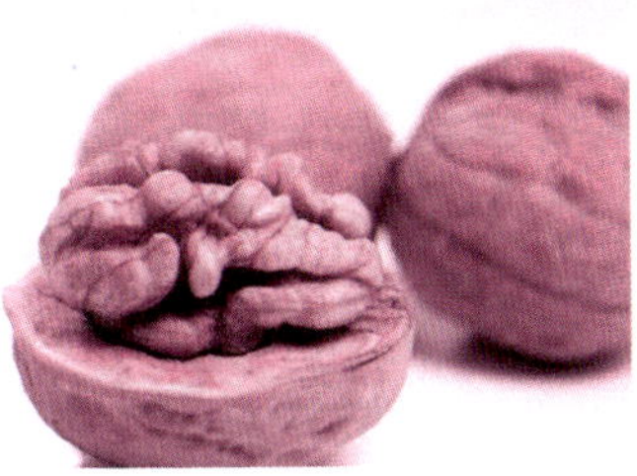

功效：连服 2 个月，对肾亏精少不育者有益。

（3）补髓生精汤。

材料及做法：猪脊髓 200 克，甲鱼 1 只，葱、姜、胡椒粉、味精适量。将甲鱼用沸水烫死，揭去甲壳，除去内脏、头、爪。将猪脊髓洗净，放入碗内。将甲鱼肉、葱、姜放入锅内，用旺火烧沸后，转用文火将甲鱼肉煮熟，再将猪脊髓放入锅内一起煮熟即成。

功效：适用于遗精、早泄、精子少及活动力低下者。

（4）五子炖胎盘。

材料及做法：新鲜胎盘 1 只，覆盆子、菟丝子、枸杞子、五味子、车前子各 10 克。将胎盘漂洗干净切成小块，中药五子捣碎用纱布包好，两者隔水炖熟，放盐混合调味，分早晚两次服食。

功效：此方对体瘦精枯、不射精者有效。

8. 哪些食物可以补充生育功能所需要的维生素？

虽然通过药物可以补充生育所需的维生素，但通过食物补充维生素不仅可以避免服药带来的一些副作用，也可以避免服药给病人带来的不适和不便。下面介绍一些富含生育功能所需维生素的食物。

（1）富含维生素 A 的食物：动物肝脏，奶与奶制品，禽蛋，绿叶菜类、黄色菜类及水果等。胡萝卜、西红柿、柿子、鸡蛋、牛肝、猪肝、牛奶、奶酪、黄油、西兰花、菠菜、莴苣、大豆、青豌豆、橙子、杏、红薯等都可补充维生素 A。另外，多吃鱼肝油可以补充维生素 A。

（2）富含维生素 B 的食物：干蔬菜、小麦芽等。

（3）富含维生素 C 的食物：新鲜的蔬菜和水果，如青菜、韭菜、菠菜、柿子椒、芹菜、花菜、西红柿、大蒜、龙须菜、甜辣椒、菠菜、萝卜叶、卷心菜、马铃薯、荷兰豆和柑橘、橙、柚子、红果、葡萄、酸枣、鲜枣、草莓、柿子、金橘。野生的苋菜、苜蓿、刺梨、沙棘、猕猴桃、酸枣等维生素 C 含量尤其丰富。

(4)富含维生素D的食物:自然界中只有很少的食物含有维生素D。动物性食品是非强化食品中天然维生素D的主要来源,如含脂肪高的海鱼和鱼卵、动物肝脏、蛋黄、奶油和奶酪中相对较多,而瘦肉、奶、坚果中含微量的维生素D。不过通过日光浴可以促进维生素D在体内合成。要坚持补充鱼肝油滴剂。

(5)富含维生素E的食物:各种油料种子及植物油,如麦胚油、玉米油、花生油、芝麻油、豆类、粗粮等都是维生素E的重要来源。某些谷类、坚果和绿叶蔬菜中也含一定量的维生素E。

(6)富含维生素K的食物:牛肝、鱼肝油、蛋黄、乳酪、优酪乳、优格、海藻、紫花苜蓿、菠菜、甘蓝菜、莴苣、花椰菜、豌豆、香菜、大豆油、螺旋藻、藕。

9. 延长性生活的间隔时间就能增加受孕机会吗?

男性两个睾丸每天可以产生上亿个精子,每个精子约可存活28天或更久。这些精子如果不能被及时排出,就会没有地方堆放。有些人故意克制性要求,延长性生活的间隔时间,希望能一次射出更多的精子,争取受孕,实际上并未能如愿以偿。贮存时间过久的精子都已经老化,其受精能力极弱,并不能达到预期目的。正常人射精后,精子进入子宫腔内能存活2~3天,但其生育能力仅能保持1~2天。未进入子宫腔而滞留在阴道内的精子,其存活时间则不超过1天。因此,没有必要刻意延长性生活的时间来增加受孕机会。

10. 中医如何辨治男性免疫性不育症?

由于男性自身的精子抗原抗体反应引起的不育症,称之为男性免疫性不育症,中医认为,本病之病机,以肾虚、肝郁、湿热下注为特点,故其治疗以补肾、疏肝、清热利湿为基本原则。

(1)肾阳虚衰证。主要证候:畏寒肢冷,腰膝酸软,头晕耳鸣,小便清长,舌质淡,苔薄白,脉沉细。治法:补肾壮阳。方药:右归饮加减。

(2)肾阴亏虚证。主要证候:眩晕耳鸣,口燥咽干,五心烦热,腰膝酸软,小便短赤,舌红少苔,脉细数。治法:滋阴降火,兼以补肾填精。方药:知柏地黄丸加减。

(3)湿热下注证。主要证候:面红目赤,身热,胸闷不适,口渴而不欲饮,心烦易怒,小便短少而黄赤,舌苔黄腻,脉滑数。治法:清热利湿。方药:萆薢分清饮加减。

(4)肝气郁结证。主要证候:胸闷不舒,或胁肋胀痛,口燥咽干,善太息,舌边红,苔白,脉弦细。治法:疏肝解郁。方药:逍遥散加减。

(5)肺脾气虚证。主要证候:病人多有慢性支气管炎和慢性肠炎等病史,平时易感冒,或食少便溏,腹胀,恶心欲吐,自汗,面色无华,舌淡苔白,舌边有齿印,脉细而弱。治法:补肺健脾。方药:参苓白术散加减。

11. 雄激素对男性生育有何影响?

雄激素主要由睾丸间质细胞产生,还有少部分由肾上腺皮质分泌。雄激素主要有 3 种,即睾酮、雄烯二酮、脱氢表雄酮。其中最主要的是睾酮,其作用最强。正常男性每天能分泌雄激素约 7 毫克。雄激素的主要功能如下。

(1)提高性欲:性腺功能低下可直接影响性欲,若在青春期前就已有雄激素缺乏,那么可以完全没有性欲。中老年人因雄激素产生减少,所以会出现生理性性欲降低。

(2)有利于精子的产生:精曲小管局部睾酮浓度对维持精子发生极为重要,而大量外源性睾酮可抑制睾丸的生精功能。这是由于雄激素可以抑制脑垂体黄体生成素的分泌,从而减少内源性的睾酮,导致精曲小管局部睾酮的浓度下降。

(3)刺激雄性附属器官的发育并维持它们的成熟状态。如切除睾丸，前列腺、精囊、阴茎均会出现萎缩，注射睾酮后则可恢复。

刺激雄性第二性征的表现，并维持它们的正常状态。在雄激素作用下，青春期开始即出现喉结并使声带增厚，因此男性声音低沉；阴毛、腋毛、胸毛呈男性分布特点，并出现胡须；皮肤油脂分泌物增多。

（4）对抗雌激素。

（5）促进代谢：睾酮能促进蛋白质合成，使肌肉发达；能促进钙盐沉着，促进骨骼生长；此外，还能刺激红细胞生成。

12. 精子一产生就有受精能力吗？

精子并不是一产生就有受精能力的，其受精能力的获得需要一个过程。精子在睾丸的精曲小管内生成后，从形态上看，已成蝌蚪状，但实验证明，睾丸内的精子并不具备受精能力。睾丸内的精子还需要在附睾内经历成熟过程，然后在女性生殖道内完成获能过程。射出的精子表面附着有附睾和精囊分泌的物质，这些物质可以使精子在到达女性输卵管之前无受精能力。获能过程即是将这些物质去掉、使精子获得受精能力的过程。精子获能后还需要发生一种顶体反应，使精子内膜完全暴露，精子才能与卵细胞膜靠近，顶体内膜与卵细胞膜相互融合，最终精子与卵子合二为一，完成受精过程。

13. 精子不凝固会影响怀孕吗？

会。精液不凝固者射精后，由于重力的原因，精液将很快从阴道流出。临床上为增加精子进入宫颈管的数量，医生会建议精液不凝固者的妻子在性交后采用臀高头低位（用枕头等把臀部抬高），可以大大增加受孕机会。

男性精液不液化会影响怀孕吗？

下，男性精液排出体外很快凝固，一般 15～30 分钟开始液化。精液排出体外后室温下60分钟不液化或含有不液化凝块者为精液不液化症，占男性不育症病因的2.51%～42.65%。

人体精液的液化因子主要来源于前列腺，而凝固因子主要来源于精囊，因此，生殖道炎症如前列腺炎、精囊炎以及免疫因素等，特别是慢性前列腺炎为造成精液不液化的主要原因。精液不液化会使精子出现凝集或制动，减缓或抑制精子正常通过宫颈，阻碍精子在女性生殖道运动，甚至使精子在运动中过多消耗能量而功能减弱或死亡，故而导致不育。

15. 中医如何辨治精液不液化？

中医认为，精液属阴津一类，精液的正常液化有赖于阳气的气化作用，而阳气的气化作用又需有赖阴阳的协调。精液不液化，病位在肾与精室，基本病机为肾阳不足，寒邪凝滞，肾阴亏乏，阴虚火旺；湿热蕴结，熏灼津液，导致精液不能正常液化。病机是以肾阳不足，肾阴亏虚，湿热内蕴为特点，治疗以温阳滋阴，清热利湿为原则。

(1)阳虚寒盛证。主要证候：精液不液化，阴器冰凉，形寒肢冷，舌质淡，苔薄白，脉沉迟。治法：温阳散寒，活血化精。方药：少腹逐淤汤加减。

(2)阳虚湿盛证。主要证候：精液不液化，伴小便不利，脘腹痞闷，胀满不适，舌质淡，苔白腻，脉沉缓。治法：温肾补阳，利湿化浊。方药：萆薢分清饮加味。

(3)阴虚阳亢证。主要证候：精液不液化，失眠多梦，夜寐不安，遗精，头晕耳鸣，口干目涩，神疲乏力，阳事易举，舌质红，苔薄黄或少苔，脉细数。治法：滋阴清热。方药：知柏地黄丸加减。

(4)湿热内蕴证。主要证候：精液不液化，尿道灼热疼痛，小便短赤，或尿后有白浊，舌质红，舌苔黄，脉滑数。治法：清热利湿，分清别浊。方药：萆薢分清饮加减。

16. 什么是少精子症？能治疗吗？

多次检查精子密度均少于 20×10^6 毫升者称为少精子症，是男性不育症最常见原因之一。引起少精子症的主要原因有 8 种。①精索静脉曲张：24%～39%的少精子症是由精索静脉曲张引起的。②免疫因素：自身免疫既影响精子的发生又影响精子的输出。③染色体异常：占少精子症的 1.76%。④隐睾症：比较常见。约占少精子症的 9%。⑤生殖道感染：此类病人较多，约占全部少精子症的 26%。⑥内分泌功能失调。⑦理化因素、药物及环境毒物影响。⑧严重全身性疾病和营养不良。

寻找到少精子症的病因并采取相应的治疗措施是关键。一般精索静脉曲张、免疫因素、生殖道感染及内分泌失调是可以治疗的。

17. 中医如何辨治少精症？

中医认为少精子症的病位在肾、脾、肝与精室；基本病机为肾虚精亏，脾虚精少，湿热伤精，致精少症。

（1）肾精亏虚证。主要证候：久婚不育，或伴有射精量少，或兼精液清稀，头昏健忘，发落齿摇，腰膝酸软，注意力不集中，舌红少苔，脉细弱。治法：补肾填精。方药：五子衍宗丸加味。

（2）肾阳亏虚证。主要证候：精少不育，面色无华，气短乏力，形寒肢冷，小便频数，或夜尿多，舌淡苔白，脉沉细而弱。治法：补肾壮阳。方药：金匮肾气丸加味。

（3）脾虚精亏证。主要证候：精少不育，食少纳呆，腹胀便溏，神疲乏力，面色无华，舌体胖大，舌苔白润，脉虚弱。治法：补脾益气，滋肾填精。方药：易功散加味。

（4）湿热下注证。主要证候：精少不育，排精时精道有灼热感，面红目赤，心烦易怒，口苦咽干，口渴而不欲饮，口中有黏腻感，大便干，小便短赤涩痛，舌红苔黄，脉滑数。治法：清热利湿。方药：萆薢分清饮加减。

（5）气滞血淤证。主要证候：精少不育，眩晕头痛，胸闷易怒，或沉默太息，两胁胀满，少腹不适，阴部睾丸发凉，或有痛感，精液黏稠。舌质黯，舌边有淤点或淤斑，脉沉涩或弦细。治法：行气化淤，兼以补肾填精。方药：通精煎加减。

18. 什么是弱精症？

精子活力是根据精子活动质量、活动精子百分率和精子存活时间三个参数进行评估的。世界卫生组织公布的正常精子活力为：1 级＞25％或 1 级＋2 级＞50％。连续 3 次以上精液检查精子活力均低于以上标准时则称为精子活力低下症，即弱精症。

19. 引起精子活力低下的原因有哪些？

引起精子活力低下的常见原因有：生殖道感染、免疫因素、精索静脉曲张、内分泌因素、精浆异常、环境因素、全身性疾病、医源性因素、先天性疾病等。

20. 如何规范治疗弱精症？

精子活力低下症占男性不育的比例非常高，临床上治疗非常混乱。

事实上精子活力低下症并非是一种独立的疾病，而是由很多的其他疾病或因素造成的。因此，寻找病因并采取相应的治疗措施才是能否取得最佳治疗效果的关键。那么，如何规范治疗精子活力低下症呢？

首先要了解病史，帮助病人改掉不良生活习惯，如大量吸烟、酗酒，经常洗热水澡，长期接触重金属、农药等。

根据具体疾病采取相应的治疗措施，如生殖道感染采用抗感染治疗，精索静脉曲张采用精索静脉高位结扎术等。

对于特发性精子活力低下，因其发病原因不明，通常采用经验治疗，但效果因人而异。

对于药物和手术等治疗效果不佳者及遗传因素所致精子活力低下者，可采用辅助生殖技术。

21. 中医认为精子活动力低下症的病因是什么？

中医古籍中并无精子活动力低下症的记载。肾主生殖，藏精。精子活动力低下，首当责之于肾，故属“肾虚不育”。先天肾气亏虚，房劳过度，耗损肾精，精子失于濡养，则活力低下；若损伤肾阳，命门火衰，精子失于温煦也使活力低下；或素体脾虚，思虑过度，劳伤心脾，久病气血亏虚，精子得不到气血濡养而活力低下；或嗜食肥甘酒酪，助湿生热，性交不洁，湿热邪毒内侵，下注精室，精气受损而精子活力低下。临床上因个体差异，病因错综复杂，常见阴阳两虚，兼有湿热血淤等情况。应根据临床症状、舌象、脉象，审症求因。

22. 中医怎样治疗精子活力低下症？

中医治疗精子活力低下症，应坚持辨证施治的原则。

(1)肾阳虚衰：符合精子活力低下症的西医诊断，兼精神萎靡，腰膝酸软，形寒肢冷或伴阳痿早泄，小便清长，夜尿较多，舌质淡或边有齿痕，苔白脉细弱。治应温补肾阳，方用右归丸加减。

(2)肾阴亏损：多兼精液量少或黏稠不化，腰膝酸软，心烦失眠，潮热盗汗，五心烦热，口干咽燥，遗精早泄，舌红苔少或无苔，脉细数。治应滋阴降火，方用左归丸加减。

(3)气血两虚：多兼神疲乏力，面色萎黄，食欲欠佳，少气懒言，大便溏薄，舌质淡胖，脉沉细弱。治应益气养血，补肾填精，方用八珍汤加减。

(4)湿热下注：多兼精液黄稠，口苦口黏，小腹坠胀，睾丸胀痛或会阴部胀痛不适，尿黄或尿后滴白，舌质红，苔黄腻，脉滑数。治应清热利湿，方用龙胆泻肝汤加减。

(5)应注意用药避免太过。如补肾阳，不可过于温燥；滋阴降火，不可过于滋腻寒凉；益气养血，不可影响气血运行；清利湿热，切忌攻伐太过，损伤正气。

23. 什么是畸形精子过多症？

在世界卫生组织关于《人类精液及精子-宫颈黏液实验室手册》(第3版)中指出，精液中正常形态精子少于30%或畸形精子多于70%者，称为畸形精子过多症，或畸形精子症，是男性不育与畸胎的重要原因之一。

24. 中医怎样治疗畸形精子过多症？

首先，全面了解病史，如服用致畸药物或食品、过度吸烟酗酒、接触放射线等，应停服有害有毒物质，脱离被污染环境，并进行辨证施治。

(1)肾阳虚衰证。主要证候：畸形精子过多，畏寒肢冷，腰膝酸软，精神不振，面色㿠白，或下利清谷，小便清长，夜尿频多，下肢水肿，阳痿、早泄或遗精，舌体胖大，舌质淡，苔薄白，脉微细或沉溺。治法：补肾壮阳，益气填精。方药：赞育丹加减。

（2）阴虚火旺证。主要证候：畸形精子过多，眩晕耳鸣，两颧红赤，失眠多梦，腰膝酸软，五心烦热，口燥咽干，小便短赤，性欲亢盛，或遗精、早泄，精液量少而黏稠，舌红少苔，脉细数。治法：滋阴泻火，兼以益肾填精；方药：知柏地黄汤加减。

（3）湿热蕴结证。主要证候：畸形精子过多，四肢困重，头晕而胀，胸脘满闷，口中黏腻，或口干口苦，小便短赤灼痛，大便溏薄，阳痿，遗精或早泄，舌质红，苔黄而厚腻，脉弦滑。治法：清热利湿，益肾填精。方药：利湿益肾汤加减。

因病人的具体情况各异，临床中或一法独用，或多法结合，全看具体症候，辨证运用。

25. 什么是无精子症？

性交有精液射出，经3次以上精液检查均未发现精子者为无精子症，应排除不射精和逆行射精，本症占男性不育19%～30%。根据有无输精管道梗阻，无精子症分为阻塞性无精子症和非阻塞性无精子症，前者是输精管道阻塞，精子输送障碍，睾丸生精功能正常，亦称梗阻性无精子症；后者是精子生成障碍，睾丸不能产生精子，输精管道通畅，亦称真性无精子症。

26. 中医如何辨治无精子症？

中医认为无精子症，病位在肾、肝、精室；病因为先天不足，后天失养，劳倦过度，瘀血、痰浊、湿热内阻；基本病机为肾虚精亏，痰瘀内阻，湿热蕴结。本病之病机关键在于肾精不足，或精道梗阻。临床上凡因肾精不足所致者，以虚证为多，故其治疗应以益气填精为大法；如因精道梗阻者，临床上一般以实证居多，治当以疏通精路为主，并根据具体原因，针对治疗，并辅以补肾填精之法。

（1）肾阳不足，精气衰少证。主要证候：精液清稀而冷，量少，无精子，或夹有黏冻样稠块，性欲低下，兼见畏寒肢冷，面色㿠白，精神萎靡，纳呆食少，腰膝酸软，小便清长，或夜尿多，大便溏薄，舌淡，苔白，脉沉细无力。治法：补肾壮阳，益气填精。方药：五子衍宗丸合金匮肾气丸加减。

（2）肾阴不足，精气衰少证。主要证候：精液量少而黏稠，甚或只有点滴精液，无精子，性欲正常或偏于亢进，腰膝酸软，神疲乏力，健忘；兼见头晕目眩，眼花，口渴，咽喉干燥，心烦，失眠多梦，甚或齿发脱落，舌红少苔，脉细数。治法：滋阴填精，补肾益气。方药：五子衍宗丸合八仙长寿丸加减。

（3）淤血阻滞，精路不通证。主要证候：精液量少，无精子，沉默寡言，胸闷易怒，阴部疼痛，或少腹疼痛；或体质较为壮实，无其他明显病证，舌脉也属正常，仅精液常规检查异常，舌质紫暗，舌边有淤点，脉沉而涩。治法：活血祛淤，疏通精道，补肾填精。方药：血府逐淤汤合五子衍宗丸加减。

（4）湿热内阻，精道不畅证。主要证候：精液量少而黏稠，无精子，小便短赤而混浊，甚或尿后有白浊，舌质红，苔黄腻，脉滑数。治法：清热利湿，疏通精道，开窍补肾。方药：萆薢分清饮合知柏地黄汤加减。

（5）痰湿阻滞，精路不畅证。主要证候：精液量少，无精子，伴小腹疼痛，睾丸肿胀，硬痛，舌质红，苔白腻，脉沉滑或沉缓。治法：行气化痰，软坚散结。方药：橘核丸加减。

27. 什么是死精子症？

死精症是指精子成活率减少，死精子超过40%者，临床可见遗精早泄或性欲低下。诊断标准：精液检查，连续3次以上，精子成活率在60%以下，或死精子超过40%；或排精后1小时内死精子多于50%，6小时死精子多于70%（连测3次）；精液支原体培养可为阳性；病史与体检，可获得相关因素，如生殖系统感染、嗜酒、高温作业等。

因检查方法不当或不按正常规定而人为造成的死精子增多，或精子活动力极弱或不活动，而并非真正死精者，不属本病。禁欲时间过久，死精子数增多，精子成活率下降。精子在不同的环境、气温条件下存活的时间也有差别，如在过冷或过热的环境中等。两者均应与死精子症加以鉴别。

28. 中医认为死精子症的病因有哪些？

死精子症属中医“精冷”、“精寒难嗣”、“肾精不足”等范畴。多因先天不足或房劳过度，肾阳亏虚，命门火衰，精气失于温煦而精子死亡；或素体脾虚，久病失养，思虑过度，劳伤心脾，致后天生化之源不足，精失所养而精子活率下降；或频发手淫，房事太过，耗损肾精，日久肾阴亏虚，阴虚火旺，灼伤精子而使精子病死率高；或情志不遂，肝气郁结，气滞血淤，阻塞精道而影响精子存活；或房事不洁，感染湿热邪毒或平素嗜食肥甘酒酪，酿成湿热，下注精室，伤及精子而使精子病死率过高。临床所见，往往虚实夹杂，应因人而异，灵活加减，需辨证治疗。

29. 中医如何辨治死精子症？

中医认为死精子症的病位多在肾、肝和精室。病因为禀赋不足、房劳过度、或外感湿热。基本病机为肾精亏虚，或湿热下注，扰动精室。基本病机为肾精亏虚，湿热淤滞，治疗以补肾填精，清热利湿，活血化淤为原则。

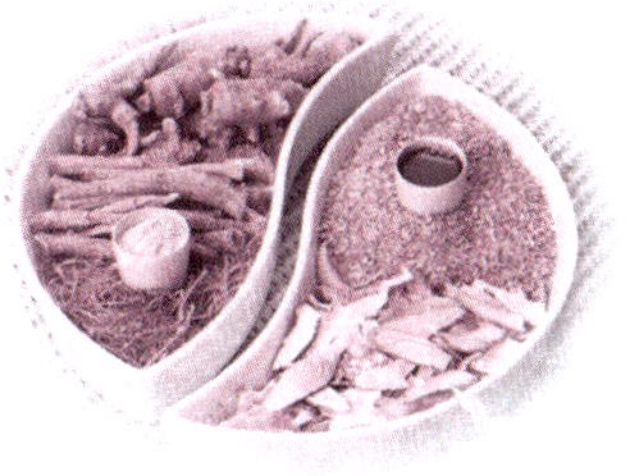

（1）肾阳亏虚证。主要证候：死精子过多，形寒肢冷，面色晄白、阳痿，腰膝酸软，眩晕耳鸣，精神不振，小便清长，夜尿频多，舌体胖大，舌质淡，苔薄白，脉沉细无力。治法：益肾壮阳。方药：金匮肾气丸加味。

（2）肾阴亏虚证。主要证候：死精子过多，头晕耳鸣，失眠多梦，腰膝酸软，五心烦热，口燥咽干，小便黄赤，性欲偏亢，时有遗精，舌红少苔，脉细数。治法：滋补肾阴，清降虚火。方药：五子衍宗丸加味。

（3）肾精亏虚证。主要证候：死精子过多，头晕健忘，耳鸣耳聋，腰膝酸软，精液量少，性功能减退，舌质淡，苔薄白，脉沉细。治法：益肾填精。方药：生精种子汤。

（4）气血两虚证。主要证候：死精子过多，体倦乏力，四肢酸软，面色无华，头晕眼花，少气懒言，心悸失眠，舌淡而嫩，脉细弱。治法：益气养血。方药：归脾汤加味。

（5）血淤肾虚证。主要证候：死精子过多，腰膝酸软，头晕乏力，面色晦暗，少腹胀满不适，睾丸疼痛，舌质紫暗，舌边有淤点，脉沉涩。治法：活血化淤，兼以补肾。方药：血府逐淤汤加味。

（6）湿热下注证。主要证候：口苦咽干，身体困重，胸脘痞闷，小便短赤灼痛，余沥不尽，或便后滴白，舌苔黄腻，脉弦数。治法：清热利湿。方药：萆薢分清饮加减。

30. 精液量过多与男性不育有关吗？

正常男性禁欲 3～7 天时，每次射精排出的精液体积为2～6 毫升，若射出的精液量超过 6 毫升则为精液量过多。附属性腺功能亢进可导致精液过多，但附属性腺感染也常可引起精液大量分泌，甚至可多达 8

～10 毫升。精液量过多时，因降低了单位体积内精子密度，精液射入阴道后易漏出体外，因而可导致男性不育。

31. 精液量过少可引起男性不育吗？

正常男性每次射精排出的精液为 2～6 毫升，当精液量少于 2 毫升时就可确认为精液过少，但精液过少并不意味着精子数量少。精液过少时，精液中的碱性分泌物不足以稀释阴道中的酸性分泌物，从而影响精子活力；精液过少又影响精子进入子宫，从而导致男性不育。

32. 什么是勃起功能障碍(ED)？

勃起功能障碍在我国俗称阳痿，在西方国家被称为“性无能”，但这两种名称均带有一定的贬义，而且不能说明这一疾病的实质。勃起功能障碍是 1993 年美国国立卫生研究院大会的定义，该定义能从根本上说明这一疾病的实质，而且从心理上更容易被医患双方接受，因此，现在这一定义已被医学界广泛采用。其表述是：勃起功能障碍是指阴茎持续(至少 6 个月)不能达到和维持充分的勃起以获得满意的生活。

33. 勃起功能障碍会导致男性不育吗？

会。勃起功能障碍是性功能障碍中最常见的一种。由于阴茎不能勃起或勃起不坚，以致不能完成性交，精液不能射入阴道内，精子与卵子无法结合，故易导致不育。

34. 勃起功能障碍一定是肾阳虚吗？

勃起功能障碍即中医的“阳痿”。许多人认为阳痿的病因就是肾阳虚，认为只要是补肾壮阳之品便有助于勃起，因而滥服，结果不但于勃起无助，还导致病情加重或引起其他疾病。这是因为勃起功能障碍的病因复杂，不一定是肾阳虚所致。中医认为，肾阴亏虚，宗筋失养；肾阳虚衰，命门火衰；肝气郁结，疏泄不利，宗筋失用；思虑过度，劳伤心脾，气血两虚，宗筋失养；寒滞肝脉，宗筋失于温煦；湿热内盛，下注厥阴，阻滞筋络，使宗筋弛纵；淤血阻滞，宗筋不畅，大惊大恐，气下伤肾等，皆可导致勃起功能障碍。临床上应审证求因，仔细辨证，不可一见阳痿，即滥用补肾壮阳之品，贻误病情。

35. 什么是早泄？

给早泄下一个定义是非常困难的。在不同时期，人们对早泄的认识程度不一样，因此，早泄的定义也有所差异。目前较为公认的早泄诊断是根据美国精神病协会颁布的《精神疾病诊断和统计手册》第 4 版(DSM-IV-R)定义为“持续地或反复在很小的性刺激下，在插入前、插入时或插入后不久即射精，比本人的愿望提前，早泄明显引起本人痛苦和人际关系(性伴侣)的紧张，而且这种情况不是由于某种精神活性物质的戒断(如海洛因)所引起的。”

我国著名医学家吴阶平教授则指出：壮年健康人，在性交 2～6 分钟时射精或更短时间内射精仍属正常。严重早泄时，精子无法射入阴道，故可导致不孕。

36. 中医认为早泄是怎样引起的？

中医文献对早泄的论述很多，称之为“鸡精”、“早泄”、“未充即泄”、“乍交即泄”等。早泄的发生与心、肝、肾关系密切。如房事过度，损伤肾阴，素体阴虚，阴虚火旺，熏灼精室而成；或素体肾气亏虚，房劳过度，手淫频繁等损伤肾气，封藏失职而早泄；或思虑过度，劳伤心脾，心虚则神气浮越，脾虚而气陷不摄而早泄；肝气郁结，日久化
酪，酿湿生热，外感湿热，性交不洁，湿热之邪扰动精室
心火偏亢，君火引动相火，心肾不交，精关被扰而致早泄
就认为包皮过长是导致早泄的重要原因之一。《秘本种

就明确指出:“男子玉茎包皮柔嫩,少一挨,痒不可当……名曰鸡精。”

37. 不射精症导致不育怎么办?

对于不射精症病人可采用下列方法治疗:如营造良好的性交环境;改变性交时间;性交前热敷阴茎、阴囊、会阴、两大腿内侧等部位;减少性交次数;加强性交前性诱导;加强性交动作及逐渐减少手淫次数;增加性交频度等。药物治疗可选用盐酸麻黄碱、左旋多巴、丙咪嗪、苯丙胺及人绒毛膜促性腺激素等。还可选用阴茎电动按摩治疗以帮助射精。

对于上述治疗效果不明显又有生育要求的病人可采用电刺激诱导射精,此法是指用电流来直接刺激前列腺和精囊的神经,从而诱导射精或泄精。通过此法可取得器质性不射精病人的精液,以便用来人工授精。另外,附睾穿刺可以获取精子,获得的精子可通过行试管婴儿,使病人达到生育的目的。

38. 中医对不射精症的病因是怎样认识的?

不射精症属中医“阳强”、“不育”、“能交接,接而不施泄”的范畴。肾藏精,肾虚精关开合失调是不射精症的主要病机。房事不节,手淫过频,耗伤肾精,阴虚火旺,相火亢盛,心肾不交,精关不开,而性交当泄不泄;或脾肾亏虚,脾虚则生精乏源,又影响助肾生精,精不足而不射精;情志抑郁,肝气郁结,疏泄失职,精关开合失调而不射精;或平素嗜食肥甘厚味,湿热内生,或外感湿热毒邪,性交不洁,湿热邪毒内盛,阻滞精脉,精窍不开而不射精;或内伤外伤,忍精不泄,导致淤血败精阻滞精窍而不射精。

39. 什么是遗精？

遗精包括梦遗和滑精两个病证。有梦而遗的，名为梦遗；不因梦交或见色而精自滑出者，名为滑精。其病因主要是各种原因引起的精关不固。多见于性神经衰弱、精囊炎、睾丸炎，以及某些慢性疾病。

40. 中医怎样治疗遗精症？

遗精的治疗应在掌握病因、病机要领的基础上，按照上则清心安神、中则调和脾胃、下则益肾固精的原则，辨证施治。

心肾不交：梦遗，伴心中烦热，头晕目眩，神疲乏力，易惊健忘，舌质红，脉细数。治应清心安神，滋阴清热，方用黄连清心饮加减。

阴虚火旺：遗精频繁，甚至滑精，腰膝酸软，咽干心烦，头晕目眩，失眠健忘，低热颧红，五心烦热，发落齿摇，舌质红苔少，脉细数。治应滋阴降火，方用知柏地黄丸加减。

肾气不固：遗精滑精，兼形寒肢冷，阳痿早泄，精冷，夜间尿多或余沥不尽，面色㿠白，舌淡有齿痕，脉沉弱。治应温补肾气，固精止遗，方用右归饮合金锁固精丸加减。

心脾两虚：劳则遗精，伴心悸怔忡，失眠健忘，面色萎黄，四肢倦怠，食少便溏，舌质淡，苔薄白，脉细弱。治应调补心脾，益气摄精，方用归脾汤加减。

湿热下注：遗精频作，阴茎易举。茎中涩痛，阴囊湿痒，小便黄赤浑浊，脉滑数。治应清利湿热，方用萆薢分清饮加减。

41. 中医怎样认识性欲低下的病因？

中医无性欲低下的病名。但中医对性欲低下的记载多包括在有关阳痿、早泄的论述中。性欲的根本在肾，启动在心，调节在肝。思虑过度，劳伤心脾，气血生化乏源，则心无欲念；或肝气郁结，疏泄失调，宗筋脉络不畅，则性欲低下；或房劳过度，耗伤肾阴，阴虚火旺，肾水不能上滋心火，心火不能下温肾水，心肾不交，则性欲无以激动而低下；或肾精亏虚日久，损伤肾阳，先天不足，肾阳亏虚，命门火衰而性欲低下；或饮食不节，脾胃失运，痰湿内生，阻遏气机，阳不得升发而性欲低下。

此外，许多器质性因素、重病、慢性疾病、某些药物均可导致性欲低下。

四、复发性流产

1. 什么是复发性流产（RSA）？

复发性自然流产是指与同一性伴侣连续遭受 2 次或 2 次以上在妊娠 20 周前的胎儿（体重小于或等于 500 克）丢失者，是育龄妇女的常见病。2 次或 2 次以上的流产病人约占生育期妇女的 5%，而 3 次或 3 次以上者占 1%～2%。3 次或 3 次以上在妊娠 28 周之前的胎儿丢失称习惯性流产。2 次自然流产后，流产的复发风险约为第 1 次的 3 倍，发生率达 38%；有 4 次以上流产史者，如得不到适当治疗，多数再次妊娠流产。

2. 复发性流产的原因有哪些？

复发性流产病因复杂，免疫性流产的诊断，尤其是同种免疫型的诊断主要靠排除法。导致病人复发性流产的原因主要有：解剖因素、内分泌因素、免疫因素、染色体因素、感染因素。除此之外，仍有少数病因不明，称为不明原因复发性流产。

3. 哪些因素对复发性流产尤为关键？

复发性流产原因复杂，包括遗传性因素、内分泌异常、生殖免疫紊乱、解剖异常、血栓前状态、感染因素、心理因素、环境因素及其他，其中尤为关键的是生殖免疫紊乱。

4. 遗传因素对复发性流产的影响有多大？

染色体异常是引起反复自然流产的常见病因。在早期妊娠自然流产中，核型异常的发生率高达50%～60%。3%～8%的复发性流产夫妇有染色体异常，包括有：易位（44%）、嵌合体（48%）、缺失或倒位（8%）。其中以平衡易位携带者多见。据统计，男性平衡易位者，夫妇的自然流产率达35.14%，而正常人的流产率仅8.3%。至于罗伯逊易位携带者，其子代或自然流产或出生为畸形儿；非同源性易位携带者，其子代可为正常儿、携带者、三体儿及单体儿，若为单体或三体儿则自然流产，概率为50%。

5. 内分泌异常如何导致复发性流产？

内分泌异常所致的复发性流产占12%～15%，主要为妇科内分泌异常，如黄体功能不全、多囊卵巢综合征、泌乳素紊乱等，严重的内科内分泌紊乱也可导致流产，如糖尿病、甲亢或甲减等。因此，复发性流产病人寻找病因时应注意排除。在各种原因导致的复发性流产中，内分泌原因引起的复发性流产的治疗效果最好，有报道内分泌异常得到纠正后，其成功率可高达90%以上。

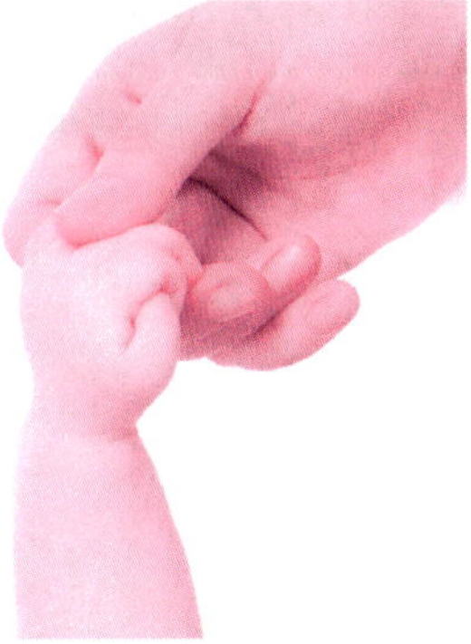

黄体功能不全：发生率占内分泌因素的20%～60%。

多囊卵巢综合征：是一种发病多因性、临床表现呈多态性的内分泌综合征，其主要内分泌特征包括雄激素过多、雌酮过多、LH升高和促性腺激素比例失常以及胰岛素抵抗等，这些内分泌异常尤其是雄激素和LH升高会导致卵子和子宫内膜异常，影响胚胎着床而导致流产。

甲状腺功能紊乱：甲状腺功能异常常伴有生殖异常，如排卵障碍和黄体功能不足，早期妊娠的代谢需求对甲状腺激素的需要增加，因此甲状腺功能的紊乱会导致流产。

高泌乳素血症：泌乳素水平的升高会抑制黄体功能，使黄体期缩短，黄体酮分泌不足，高水平的泌乳素还会影响子宫局部 PRL 水平，影响胚胎发育，造成流产。

糖尿病：可以引起血管病变，导致子宫内膜血运不良，使胚胎发育受阻。胰岛素依赖型糖尿病复发性流产率约为 30%。

6. 甲状腺功能异常对怀孕会造成哪些影响？

怀孕期间患有甲状腺疾病是非常严重的，最重要的是要及早发现。有甲状腺疾病家族史或者是自身免疫性疾病家族史（如 1 型糖尿病）的女性，应当怀孕前或怀孕早期就诊，进行甲状腺功能异常的筛查。

（1）甲状腺功能减退：怀孕的女性中，大约有 5% 患有甲状腺功能减退，但是疾病的表现如体重增加、感到疲乏无力和浮肿等，都很容易被误认为是妊娠时身体和情绪的正常反应。怀孕期间的甲减如果没有得到很好的治疗的话，可能是非常危险的。因为甲减会增加早产的危险性，引起后代智力和生长发育异常。甲减还能引起胎盘在分娩胎儿之前就从子宫壁脱落（胎盘早剥），这是一种非常严重的并发症，会威胁母亲和胎儿的生命。

怀孕期间甲状腺功能减退的治疗：甲减的治疗目标是替代体内缺少的甲状腺激素。目前都选用口服合成甲状腺激素。在整个怀孕和哺乳期间都应该应用这种药物，治疗对母亲和后代都非常重要，患有甲减的准妈妈应当进行更加频繁的甲功检测，以确保甲状腺激素的用量恰当。怀孕期间甲状腺激素的用量通常较怀孕前增加 25%～50%。

（2）甲状腺功能亢进：甲状腺功能亢进妇女怀孕后期流产的几率达 8%，而一般妇女在这个阶段的流产率平均约为 0.9%。甲状腺功能
血与感染的发生概率较高。至于对胎儿的影响，孕妇若有
进，可能造成胎儿甲状腺功能亢进或低下、宫内发育迟

缓、早产、高血压、胎儿身体缺陷和“甲亢危象”，甚至造成死胎。至于新生儿发生甲状腺功能亢进的机会，则大约为1%。怀孕期间甲状腺功能亢进很罕见，但是如果没有得到合适的治疗，将对母亲和胎儿造成严重的危害。

怀孕期间甲状腺功能亢进的治疗：与甲减相反，甲亢病人的治疗目的是要降低病人血清中的甲状腺激素水平。怀孕期间可以应用抗甲状腺药物，但用量尽可能小。如果病人对药物过敏或治疗的剂量过大，可能损伤胎儿甲状腺功能，可考虑手术切除部分甲状腺。手术时机应选择在怀孕中期，这时流产和早产的危险性最低。甲亢的治疗还有一种常用的方法——放射碘治疗，通常禁止用于怀孕女性，因为这种方法会对胎儿造成损伤。

7. 复发性流产需要做哪些检查？

（1）染色体核型检查。夫妇双方需要做染色体核型检查，流产物做染色体形态及病理学检查，从而明确是全胚胎发育障碍还是特殊发育缺陷。

（2）免疫放射检查。①外周血封闭抗体：封闭效率（BE）、抗独特性抗体（AIA）、细胞毒抗体（CTA）。②血型：ABO、Rh因子及抗体效价。③不孕全套：抗子宫内膜抗体，抗卵巢抗体，抗绒毛膜促性腺激素抗体，抗心磷脂抗体测定，抗精子抗体测定，抗透明带抗体。

（3）内分泌激素检查。

（4）子宫输卵管造影检查。明确是否有子宫畸形、宫腔粘连、子宫机能不全。

（5）病毒学检查。TORCH、支原体、衣原体等排除病毒感染。

（6）精液常规检查。进一步明确受精卵质量。

（7）宫腹腔镜检查。明确子宫黏膜下肌瘤、息肉、子宫纵隔、粘连等，同时可行激光手术治疗。

(8)B 超检查。明确是否有子宫肌瘤、畸形、宫颈机能不全等。

8. 封闭抗体是什么？对怀孕有哪些影响？

封闭抗体也称为抗丈夫白细胞抗体，正常妊娠中，胚胎所带的父源性 HLA 抗原能刺激母体免疫系统，产生封闭抗体。大部分习惯性流产与封闭抗体有关，由于夫妇的白细胞抗原相容性过高，受孕以后母体不能产生对胚胎有保护性的“封闭抗体”，因此，母体免疫细胞对胎儿产生强烈的排斥现象，导致胚胎受到攻击而停育。

9. 检查封闭抗体的适应证有哪些？

近年来，复发性流产在临床越来越多见，多数学者认为不明原因的流产 80%以上是与免疫因素有关，而封闭抗体阴性是其中较为重要的因素之一。故临床上，封闭抗体的检查与治疗多见于孕早期的反复自然流产、胚胎停止发育、孕空囊，孕晚期的胎儿宫内生长缓慢、甚至胎儿停止发育、胎死宫内，以及多次试管婴儿均未能着床者。

10. 封闭抗体缺乏导致的不孕如何治疗？转阳后其妊娠率是多少？

封闭抗体缺乏治疗方法有以下 3 种。

皮下多点注射丈夫或第三者肘静脉血淋巴细胞于病人前臂内侧皮下，浓度为 20×10^6 毫升，每次每点约为 0.5 毫升，该法反应强，发生快，持续时间短，一般一个疗程 4 次治疗，每次治疗间隔 2 周。怀孕后再进行一个疗程的巩固治疗，确保孕期稳定。

白细胞抗原注射：输配偶或第三者白细胞，3 周 1 次，直到 27 周。

输血疗法：无封闭抗体的妇女输入含白细胞的血液，第 3 次输血后两个月血清中封闭抗体阳性。

国内郝桂琴等对 50 例病人进行淋巴细胞主动免疫治疗，治疗后分别注射 HCG 及黄体酮保胎，主动免疫联合 HCG 保胎成功率为 88%，主动免疫联合黄体酮则为85%。

11. 封闭抗体治疗前男女双方各要做哪些检查?

封闭抗体治疗前男女双方都要做的检查有:染色体、肝肾功能、乙肝、艾滋、梅毒、丙肝、血常规、血型、凝血功能。另外,男方还要做精液常规;女方还要做内分泌全套、甲状腺功能、不孕全套、TORCH、CT、UU、NG、血型抗体(根据情况而定)。

12. 封闭抗体治疗时,若丈夫的条件不合格怎么办?

对于封闭抗体阴性者,主要采用配偶白细胞免疫疗法,即抽取丈夫体内一定量外周血进行离心沉淀及淋巴细胞分离、培养,再回输到妻子的前臂皮内。可是临床上经常遇到男方患有乙肝大三阳等传染性疾病,而不能行血液治疗者。这时可以借用与男方有血缘关系的亲戚或朋友的血液予以治疗,男性者最佳。若男方的相关人员的条件均不合格,也可以借用外人(与女方无血缘关系的任何健康人)的血液。

13. 什么是血栓前状态?

血栓前状态(PTS)是指多种因素引起的止血、凝血、抗凝和纤溶系统功能失调或障碍的一种病理过程。大量研究表明,血栓形成是在血管内皮细胞、血小板、凝血、抗凝、纤溶系统以及血液流变学等多种因素改变的综合作用下发生的,这些因素在血栓形成之前已经发生不同程度的变化。内皮损伤、血小板聚集、高凝状态,最后导致血管内血栓形成。

14. 复发性流产血栓前状态检查项目有哪些?

复发性流产血栓前状态检查项目:甲状腺功能、血液流变学、抗核抗体、抗双链DNA、血沉、抗心磷脂抗体、抗β_2糖蛋白1抗体、D二聚体、血小板凝集率、血小板聚集试验(PAGT)、部分凝血活酶时间、血浆α-颗粒膜蛋白。

15. 血栓前状态与流产的关系如何?

血栓前状态与复发性流产密切相关。普遍的观点认为,血液高凝状态可能导致子宫胎盘部位血流状态改变,局部组织易形成微血栓,形成胎盘纤维沉着、胎盘梗死灶,从而引起胎盘缺血缺氧,最终导致胚胎发育不良或流产。

16. ABO血型不合有何危害?如何预防?

在我国,人的血型主要分为A型、B型、O型以及Rh阴性和阳性。当胎儿由父方遗传所得的血型抗原与母亲不同时,进入母体后即会刺激母体产生相应的抗体,可通过胎盘进入胎儿体内,与胎儿红细胞发生抗原抗体反应导致溶血,即为ABO溶血。ABO血型不合是我国新生儿溶血病的主要原因,占96%左右。理论上,只要胎儿存在母体没有的抗原,就可能产生胎儿或新生儿溶血,往往在第一胎即可发生,虽然其发生率高,但是症状较轻,真正发生溶血的病例不多,即使发生溶血,表现为轻中度贫血和黄疸,极少发生核黄疸和水肿。在妊娠期无明显的临床表现,少数病人可表现为羊水过多。母亲有分娩黄疸或水肿新生儿史,流产、早产或输血史,在准备妊娠前均应进行有关血型及血型抗体的检查,以便肯定或排除存在母儿血型不合。

17. 复发性流产中不孕不育免疫性抗体包括哪些内容?

不孕不育免疫性抗体包括:抗精子抗体(AsAb)、抗子宫内膜抗体(AEMAb)、抗卵巢抗体(AOAb)、抗绒毛膜促性腺激素抗体(AhCGAb)、抗滋养细胞膜抗原的抗体(TA)、抗透明带抗体(ZP)、抗心磷脂抗体(ACL)。

18. 抗精子抗体阳性对怀孕的影响如何?

男性体内的血睾屏障可使精子与免疫系统隔离,但当此种屏障因创伤而受损时,精子或其可溶性抗原逸出,可导致机体产生自身抗体,从而抑制精子产生,造成男性不育。

女性生殖道具有酶系统,能降解进入的精子抗原,使其不能达到免疫系统,此种酶系统的缺陷可使精子抗原保持完整而刺激同种抗精子抗体产生。10%～30%原因不明的女性不孕症可能由于抗精子抗体所致。

19. 抗子宫内膜抗体阳性对怀孕的影响如何?

子宫内膜是胚胎着床和生长发育之地,但在病理状态下,如子宫内膜炎、子宫内膜异位症及子宫腺肌症等,可转化成抗原或半抗原,刺激机体自身产生相应的抗体。此外,人工流产刮宫时,胚囊也可能作为抗原刺激机体产生抗体。一旦女性体内有抗子宫内膜抗体存在,并与子宫内膜中靶抗原结合,就会在补体参与下,引起子宫内膜免疫病理损伤,影响孕卵着床,从而导致不孕、停孕或发生早期流产。不少女性因在初次妊娠时作了人流,而不再怀孕,这种继发不孕症病人多数是因为体内产生了抗子宫内膜抗体。

20. 抗卵巢抗体阳性对怀孕的影响如何?

20 世纪在 60～70 年代已发现卵巢存在特殊抗原,近年来报道抗卵巢自身免疫可影响卵巢的正常发育和功能,可致卵巢衰竭或卵泡成熟前闭锁,从而导致不孕。有卵巢抗体的女性卵泡发育很不正常,要么无优势卵泡生长,要么有优势卵泡生长又不能自然排出,有些人还过早地出现了卵巢早衰现象,使很多育龄妇女难以发育出成熟的卵泡,而导致原发性不孕和继发性不孕。

21. 抗绒毛膜促性腺激素抗体阳性对怀孕的影响如何？

人绒毛膜促性腺激素(HCG)是维持早期妊娠的主要激素。但是有自然流产史、人工流产史及生化妊娠史的女性，在流产过程中，绒毛组织中的 HCG 可能作为抗原刺激母体产生抗体。另外，曾接受过 HCG 注射，以促进排卵的女性，体内的抗 HCG 抗体也有可能为阳性。此类病人可能在临床上表现为不孕或习惯性流产等。大量研究表明，某些免疫性不孕和病人体内出现的抗 HCG 抗体密切相关，因此抗 HCG 抗体可作为检测某些免疫性不孕病人的一个辅助诊断指标。

22. 抗滋养细胞膜抗原的抗体阳性对怀孕的影响如何？

对孕妇而言，胎儿是一个半非己的同种异体移植物。对胎儿而言，它具有来自父方和母方的基因，胎儿之所以不被排斥，主要依赖于母体对胎儿特殊的免疫调节，这种调节可以制止或改变对胚胎不利的免疫因素，以达到新的免疫平衡，如若平衡失调即可导致流产。

23. 抗透明带抗体阳性对怀孕的影响如何？

妇女也可发生自身免疫性不孕，即抗透明带(透明带是披覆于卵子表面的糖蛋白)抗体。每一月经周期总有一些卵泡变为闭锁卵泡，其中的透明带如有活性，可成为抗原刺激而产生抗透明带抗体，或由于感染致使透明带变性，刺激机体产生抗透明带抗体。

抗透明带抗体为什么会引起不孕呢？其主要原因有以下几方面：①抗透明带抗体遮盖了位于透明带上的精子受体，使精子不能认识卵子，也就无从与卵子结合。②抗体可以稳定透明带表面结构，因而能抵抗精子顶体酶对透明带的溶解作用，使精子穿透不了透明带。③如已受精，因透明带结构的稳定，致胚胎被封固在透明带内而无法着床。

24. 抗心磷脂抗体阳性对怀孕的影响如何？

抗心磷脂抗体是一种以血小板和内皮细胞膜上带负电荷的心磷脂作为靶抗原的自身抗体。常见于系统性红斑狼疮（SLE）及其他自身免疫性疾病。该抗体与血栓形成、血小板、自然流产或宫内死胎关系密切。

抗心磷脂抗体损伤的靶器官有胎盘、胎儿及宫壁等，使其发生广泛的胎盘梗死绒毛老化、子宫胎盘血管纤维素样坏死。妊娠合并抗心磷脂抗体综合征的妇女如不治疗，其每一次胎盘的病理组织学变化可能相似，如第一次妊娠因绒毛间质炎失败，则下次妊娠失败的原因同样是绒毛间质炎。在不良妊娠结局的预测上，孕妇在妊娠早期对抗心磷脂抗体作常规筛查比选择性筛查更有益。

25. 抗心磷脂抗体阳性如何引起流产？

可能通过以下 4 种途径引起流产。

①作用于血管内皮磷脂，抑制花生四烯酸的释放及前列腺素产生，促进血管收缩及血小板聚集。②与血小板磷脂结合，诱导血小板激活、聚集、破坏并释放出血栓环素，导致血管内血栓形成。③通过干扰血栓调节素组织蛋白质 C 的激活，还能抑制纤溶酶原和蛋白质的活化。④与β_2-GPI 结合抑制 β_2-GPI 的抗凝活性。

其主要病理改变为内皮损伤、血小板聚集、高凝状态，最后导致血管内血栓形成。

26. 复发性流产中抗心磷脂抗体阳性如何治疗？

目前的治疗手段有抗栓塞、抗凝、免疫抑制，下面分述各种治疗方法，根据血凝及血小板聚集状况调整用药剂量。

阿司匹林：阿司匹林作为花生四烯酸代谢产物环氧酶的抑制剂，可

抑制前列腺素和血栓素 A_2 的合成。血栓素 A_2 能使血管收缩，促进血小板聚集。阿司匹林抑制TXA2栓塞的形成，可持续整个孕期长期服用，经治疗后妊娠成功率可达75%，且对胎儿和孕母无明显不良影响。

泼尼松：泼尼松从妊娠开始应用，连续用药至妊娠24周，以后逐渐减量至10毫克维持到分娩，同时配伍阿司匹林治疗有效率达70%以上。

肝素：普通肝素由于不能通过胎盘，对胎儿比较安全。临床应用肝素治疗后妊娠结局良好。但长期应用肝素可发生血小板减少、出血、骨质疏松等副作用。目前推荐低分子量肝素，认为其预防栓塞性疾病的效果与肝素相似，但副作用和并发症较少。

现临床上常用肝素、阿司匹林、泼尼松互相配伍或3种药物联合使用，但尚无取得共识的最佳方案。

免疫球蛋白：免疫球蛋白治疗妊娠合并APS给药方法为在妊娠早、中期的第一个月用免疫球蛋白，经过治疗后病人血清中IgGACL效度下降，基本上都分娩出健康婴儿，分娩后检测胎盘组织亦无明显组织学异常。

27. 支原体感染会引起不孕或流产吗？

感染人类的支原体有12～14种，其中以女性生殖道分离出人型支原体(MH)及解脲支原体(UU)最为常见，是生殖道感染的常见病原体，具有极强的吸附能力，可寄生于女性下生殖道，也可吸附在精子表面随精子进入女性体内，从而导致胚胎感染。MH感染多引起阴道炎、宫颈炎和输卵管炎，而UU则引起非淋菌性尿道炎。女性感染MH及UU后，反复出现阴道有脓性分泌物排出，反复尿道瘙痒、尿频、尿痛。脓性阴道及宫颈分泌物阻碍精子穿透宫颈管、宫腔；输卵管炎可导致输卵管粘连、梗阻，而导致不孕。孕妇受感染后MH及UU可在妊娠16

～20 周侵袭羊膜，损伤胎盘造成绒毛膜炎，导致晚期流产，早产或死产。治疗支原体首选红霉素类，且应夫妻同治。

28. 沙眼衣原体感染会引起不孕或流产吗?

沙眼衣原体可引起泌尿生殖系统感染，是常见的性传播疾病。临床表现因受感染部位不同而异，以宫颈管炎、子宫内膜炎多见，严重者可有输卵管炎及盆腔炎。沙眼衣原体宫颈感染，使精子不易上行，导致不孕；感染子宫腔内，可引起胚胎停止发育；输卵管炎症粘连和阻塞，导致不孕不育，甚至导致异位妊娠。

29. 淋病有什么危害?

淋病是由淋病奈瑟菌引起的，以泌尿生殖系统化脓性感染为主要表现的性传播疾病。先以宫颈管感染为多见，病情继续发展，沿生殖道黏膜上行，可引起子宫内膜炎、输卵管黏膜炎(或输卵管积股)、盆腹膜炎及播散性淋病。而妊娠期任何阶段的淋菌感染，对妊娠预后均有影响。妊娠早期淋菌性宫颈管炎，可导致感染性流产与人工流产后感染。妊娠晚期易因淋菌性宫颈管炎使胎膜脆性增加，易发生胎膜早破。胎膜早破可使孕妇产生羊膜腔感染综合征，分娩时可出现产程延长。

淋病孕妇常无症状，而妊娠期淋病严重影响母儿健康，应及时治疗，可首选头孢曲松钠，加用红霉素。

第五篇

生育二胎孕期及产后的注意事项

1. 孕期如何保健？

①注意孕期营养，所进食物应保持高热量，含有丰富蛋白质、脂肪、糖类、微量元素和维生素，但要注意避免营养过剩。②注意休息，适度运动，避免剧烈运动和过度疲劳，保证每天有充足的睡眠。③避免房劳，节制性生活，在妊娠头3个月和产前3个月尤其节制性生活，在妊娠的最后几周，严禁房事以免感染。④调养七情，克服恐惧心理。⑤避免病毒感染，尽量少到公共场所，注意保暖，避免感冒。⑥不要接触有毒物质，不吸烟，不坐浴，慎用药物，按时到医院检查。

2. 早孕有哪些表现？

早孕的最先表现是停经，育龄期妇女平素月经规则，未采取有效避孕措施，月经到期未潮，则考虑妊娠可能。停经40天左右会出现恶心、厌油感、呕吐等早孕反应，可能会有头晕、嗜睡乏力等症状。在孕8周左右，会自觉乳房胀痛或刺痛，乳头及乳晕颜色加深。孕2～3个月时会出现尿频症状。

3. 孕期中医健康指导包括哪些内容？

妊娠后，由于生理上的特殊变化，胚胎初结，根基浅薄，血感不足，气易偏盛，机体自身易出现阴阳平衡失调，同时抵抗力下降又易感受外邪。凡此种种，调理失宜，便可导致妊娠疾病的发生。《逐月养胎法》对妊娠期的生活起居、饮食、活动和情志等都提出了具体要求。

(1)劳逸结合：适当的劳动和休息，以便气血流畅。《产孕集》说：

“凡妊娠，起居饮食，唯以和平为上，不可太逸，逸则气滞；不可太劳，劳则气衰。”所以孕期不宜过持重物，或攀高涉险，以免伤胎。睡眠要充分，又不宜过于贪睡，以免气滞。衣服宜宽大，腹部和乳房不宜紧束。

（2）调节饮食：饮食宜选清淡平和、富于营养且易消化的食品，保持脾胃调和，大便通畅。《逐月养胎法》说：“无大饥，无甚饱，节饮食，调五味。”所以，孕期勿令过饥过饱，不宜过食寒凉，以免损伤脾胃。妊娠后期，饮食不宜过咸，以预防水肿、子痫。

（3）慎戒房事：孕期必须慎戒房事，尤其是孕早期 3 个月和孕晚期 2 个月，应避免房事，以防胎动不安、堕胎、早产及感染邪毒。

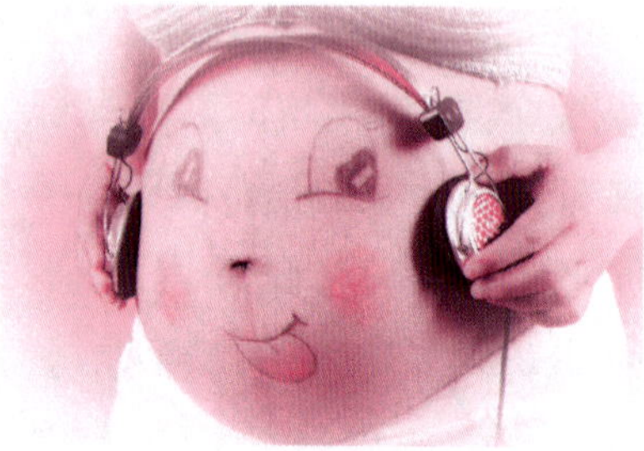

（4）用药宜慎：孕期禁用剧毒、破气、破血、通利之类的药品，中医学早已有妊娠忌服药，并编有歌诀，虽然有“有故无殒，亦无殒也”之说，但用药仍应审慎用之。近年已证实很多药物（包括西药）有致畸作用。特别孕早期（10 周内）应禁用有毒药物（包括有致畸作用的西药），以保证胎儿健康发育。

（5）注意胎教：孕妇的精神状态，对胎儿发育有很大影响。中医学早在《大戴礼记》、《列女传》中就已提出了胎教的理论，后世医家进一步丰富了它的内容。《叶氏女科证治》说：“胎前静养，乃第一妙法。不较是非，则气不伤矣。不争得失，则神不劳矣。心不嫉妒，则血自充矣。情无淫荡，则精自足矣。安闲宁静，即是胎教。”因此孕妇要调节情志，心情舒畅，言行端正，以感化教育胎儿，使其智能健康发育。

（6）定期产前检查是孕期保健的重要措施。首先应及时发现并确定早孕，确定妊娠后应对孕期保健给予指导，避免药物、感冒等伤害，注意饮食、生活、起居的调节，孕 7 个月后指导乳头护理、乳头内陷纠正方法。检查发现异常情况，应及时纠正，以防难产。

4. 孕期起居要注意哪些？

孕妇应注意平时的生活起居，良好的生活习惯会保证胎儿的正常发展。孕妇起居上应注意以下事项。

休息与睡眠：怀孕后，身体负担逐渐加重，为了适应这一变化，孕妇应注意生活起居要规律，避免过于劳累，适当增加休息和睡眠的时间。一般夜间睡眠不要少于 8 小时，有条件的应增加午睡，要保证充足的睡眠，每天中午最好睡 1～2 小时。在孕早期，体位对胎儿影响不大，此时孕妇一般多喜平卧，膝下垫枕，全身肌肉易于松弛，缓解疲劳与肌肉的不适。妊娠 5 个月后，子宫日益增大，由于妊娠子宫多向右旋转，使子宫动脉受到扭曲，建议采取左侧卧位，可以得到一定的纠正，并且避免腹主动脉的压迫，从而保证子宫血流畅通及良好的胎盘血液灌注。为了翻身方便，不宜睡软床。休息时，尽量抬高下肢，孕妇可用棉被或枕头支撑腰部，两腿稍弯曲，或上面的腿伸向前方。孕妇有下肢水肿或静脉曲张，应将腿部适当垫高，有助于减轻孕妇下肢水肿和静脉曲张。

着装：孕妇衣着以宽大舒适为原则，式样简单，易穿易脱，不宜穿过紧衣裤或紧束腰带，以免限制胎儿的生长，影响胎儿的发育。穿鞋以安全舒适防滑为主。孕妇最好穿平跟鞋，牢固宽大的鞋后跟有助于支撑身体重量，鞋的尺码要合适，与脚紧密结合，不容易滑脱，同时鞋亦不可过紧。

口腔卫生：在体内大量雌激素的影响下，孕 3 个月起孕妇口腔会出现一些变化，如牙龈充血、水肿以及牙龈乳头肥大增生，触之极易出血，医学上称为妊娠牙龈炎。孕妇要坚持早晚认真刷牙、漱口，防止细菌在口腔内繁殖。

洗澡：孕妇最好不要每天洗澡，洗澡不要过冷或过热，以 34～35℃为宜，宜淋浴或擦浴。不宜热水浴与桑拿，因高温会损伤胎儿的中枢神经系统；还应尽量避免冷水的刺激，以免流产。内衣要选择通气性、吸湿性好的纯棉织品，每天换洗。

避免有害因素：①家用电器。家庭许多家用电器都会发出电磁辐射，如微波炉、电视机、电脑、手机、电热毯等，电磁辐射可能对胎儿有致畸作用，故孕妇在家中要远离家用电器，看电视时要保持一定的距离。②家养宠物，特别是猫。猫容易受到弓形体寄生虫的感染，可经怀孕的妈妈传给胎儿，导致胎儿流产和畸形。

应避免家务劳动：孕妇应尽量避免干家务活，孕早期容易流产，孕晚期活动不便，要避免登高、搬抬重物，避免长时间站立以免水肿；尽量不接触冷水。

适当参加户外活动：孕妇应适当地参加户外活动，多呼吸新鲜空气，获得充足的阳光，亦可增强心、肺及消化功能，锻炼肌肉的力量。

5. 孕期饮食要注意哪些？

孕期饮食要保持营养平衡，提倡食物的多样化。在怀孕早期，应选择清淡可口和易消化的食品，宜少吃多餐。多吃蛋白质含量丰富的食物及新鲜水果、蔬菜等。孕 4 个月后，蛋白质、钙、铁等成分的需求量比平时大得多，应增加摄入。少吃含盐多的食品，盐分吸收太多，会在后期引起水肿和妊娠中毒症。孕后期宜多吃动物性食品和豆类食品，但要控制脂肪和淀粉类食物的摄入量，以免给分娩带来困难，且胎儿过胖容易导致出生后小孩过早患上成人的三高疾病，儿童保健应从 0 岁开始。节制冷饮。另外，还要预防便秘，应多吃粗粮及粗纤维果蔬，多饮水，多活动，还可以多饮些蜂蜜以润肠通便。切不可滥用泻药，有可能引起子宫收缩而导致流产、早产。不吃未经高温灭菌的乳制品，以及任何未熟的肉类和动物内脏、肉酱或半生不熟的蛋类。

同时，控制不良嗜好。应戒烟、戒酒，尽量避免和减少食用含有咖啡因、过多糖分的饮料和食物，如咖啡、茶、巧克力及可乐等软饮料，多喝白开水。

6. 孕期运动要注意哪些?

怀孕后应该劳逸结合,适当的劳动和休息,以便气血流畅。《产孕集》说:“凡妊娠,起居饮食,唯以和平为上,不可太逸,逸则气滞;不可太劳,劳则气衰。”所以孕期不宜过持重物,或攀高涉险,以免伤胎。当然,个人根据自己的情况适当安排,若有流产迹象者,则需要卧床休息。

怀孕以后,仍然坚持运动是非常好的习惯。但多大的运动量合适,却要根据每个孕妈妈的具体身体情况而定。一般来说,怀孕是正常的生理过程,健康的孕妇可根据情况选择一种让自己既愉快又轻松的活动。孕妇的休闲以听听音乐、看看书、散散步、做孕妇体操等最好。但散步的地点要有所选择,如到空气清新的公园、郊外、林荫绿地等,以确保孕妇及胎儿的健康。不宜在剧院、商店等人多的地方停留过长时间,避免与患流感、风疹、传染性肝炎等病人接触。不宜参加打牌、打麻将,长时间坐位对孕妇和胎儿均不利。可是,有些孕妇不适宜做运动,如先兆早产、阴道出血及医生建议不要运动时,准妈妈一定要听从医生的话。

7. 孕期情志要注意哪些?

孕妇在怀孕期间要调整自己的情绪,保持自己心情舒畅,乐观开朗,情绪起伏不宜过大,切忌暴怒或忧思,以免气结血滞,引起腹痛、流产、产后缺乳等病变。

妊娠是女性生理的一个特殊变化过程,这种生理变化也会相应地引起一系列的心理变化。但孕妇心理上的困扰和不良变化会给胎儿造成不良影响。中医学认为,胎借母气以生,呼吸相通,喜怒相应,若有所逆,即致子疾。《增补大全要旨》中写道:“除恼怒,凡受胎之后切不可打骂人，盖气调则胎安，气逆则胎病。”意思是指孕妇怀孕期间一定要消除恼怒，不能大动肝火。尤其是女性受孕后，要保持心平气和，千万不能对人乱发火，孕妇满腔怒火，会使体内血液循环加快，气流逆转，造成不畅通。而母体气流不顺畅，则必然会危及到胎儿的生存，久而久之，必然会使胎儿受到伤害。《傅青主女科》中也有“大怒小产”的论述。可见孕妇的喜怒哀乐应当适可而止，这样才能给胎儿一个良好的生长环境。

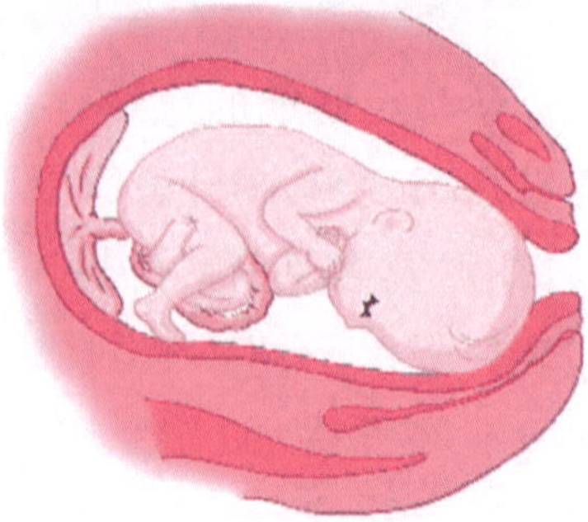

孕妇孕期应该保持情志舒畅，遇事豁达乐观，因为任何过激的情绪变化都会给胎儿的发育带来不良的影响。孙思邈在《备急·千金要方》中谈到：“妊娠三月为定型……卒惊、恐、忧、愁、嗔、怒、喜、顿、仆，动于经脉”。可见，七情过激都会影响到胎儿的定型和经脉的形成。医书《素问·奇病论》中明确提出：“胎病，此得之在母腹之中，其母有所大惊，气上而不下，精气并居，故令子发癫疾也。”《女科经论》中也提到：子烦是由“怒气伤肝，或郁结不舒，触动血脉不安”而致。所以古人主张调理情志，气血和平，宁静养胎。古人云：“欲生好子者，必先养其气，气得其养则子性和顺，无乖戾之习。”

8. 孕期接触宠物对胎儿有影响吗？

孕早期接触宠物，如猫、狗等，可能会感染弓形虫。母体患弓形虫病，虫体可经血运行到胎盘绒毛间隙传给胎儿，使之感染。孕妇感染后有 30%～40%传染给胎儿的可能性。孕早期感染会导致流产，胎儿发育异常；孕中、晚期感染，可影响胎儿大脑的发育，导致胎儿脑积水、小头畸形或胎儿宫内死亡。所以孕妇应远离宠物，在孕期最好不要接触宠物。另外需要尽快到医院行优生优育检查，筛查是否有病毒及弓形虫感染。

9. 孕期肥胖怎么办？

孕妇在孕期的肥胖症状是比较正常的现象。一般在孕期的女性都会有这个现象。近年来有关妇女孕前身高、体重及孕期体重的增加对妊娠结局的研究表明，肥胖可导致不孕，也可导致妊娠期并发症如巨大儿、妊娠期高血压和产程延长等发生率明显增加。孕前体重过重，孕期又明显增加者，在妊娠分娩期容易发生各种高危情况。因此，肥胖妇女在孕前应该适当控制体重，在孕期也应该控制饮食，切忌大补大食，以避免体重过度增加。同时，在孕期坚持多运动，不仅可以消耗多余脂肪，同时，也有利于增强孕妇的抵抗力，减少孕期疾病的发生，对胎儿也有好处。也可以根据有关医生的建议，吃一些孕妇营养餐。但是，建议不要为了身材过于注意增重问题，而忽略了营养的补充，以免影响胎儿的发育。

10. 孕期能否接受预防接种？

预防接种可增加机体对某些致病因素的抵抗力，因此有些妇女为避免发病，想在孕期接受预防接种。目前疫苗分为减毒活疫苗、死疫苗和基因重组疫苗等。减毒活疫苗是用弱毒或无毒但免疫原性强的病原微生物及其代谢产物，经培养繁殖后制成的，能对人体起到获得长期或终生保护的作用。这类疫苗，孕妇最好不用。死疫苗则是经过处理后的死病原菌，利用其抗原性，引起机体免疫反应，产生保护性抗体，要反复注射几次才能得到长期保护的作用。这类疫苗接种后不会影响胎儿，孕妇在需要时可放心接种。基因重组疫苗是将病毒的部分基因片断整合到其他微生物中，让它不断地复制，产生该病毒的抗原部分，所组成的疫苗。这类疫苗同样可以使机体产生抗体，又对机体无不良反应。怀孕是个特殊的阶段，对于正在发育的胎儿来说，任何不良影响都可能造成伤害，包括在孕前或者孕期注射某些疫苗，也可能会引起胎儿的畸形，因此，准妈妈和准备怀孕的妈妈在接受预防接种时都须慎重进行。

目前多数医生认为，孕期接受预防接种是不明智的。孕妇若非特别需要，以不做免疫接种为宜。因为疫苗并非绝对安全，有些疫苗的危害是明确的，而有些疫苗对胚胎是否有害尚无确切资料，故还是不用为好。免疫接种的生物制品均是异性蛋白质，能使得接种部位发生红、肿、痛等反应，如高热、头痛、寒战、腹泻等。孕期接种疫苗也可能出现以上症状，严重者可引起流产、早产。某些免疫疫苗如风疹疫苗可导致胎儿畸形，孕期禁用；其他如流行性腮腺炎、脊髓灰质炎、麻疹等疫苗亦忌用；狂犬病与伤寒疫苗在孕期应慎用，但是需要时还是可以进行接种的。如要接受预防接种，则以怀孕前半年为宜。

11. 孕期性生活有哪些注意事项？

在孕早期 3 个月内，胎盘尚未形成，强烈的子宫收缩可导致流产。在孕晚期 3 个月，强烈的子宫收缩可引起早产、胎膜早破、还可能将细菌带入阴道，成为产后感染的祸根。妊娠中期，健康适度的性生活有益促进亲密感情。

一般来说，妊娠期性生活不被禁止，健康而适度的性生活不仅可以，还有益于促进夫妻亲密感情。妊娠期因为不担心避孕问题，心理上放松，更能提高性快感，体验到乐趣。害怕孕期性生活会对胎儿造成伤害，没有任何科学依据。胎儿生长在拥有厚壁的子宫腔内，周围有足够温暖的羊水，能减轻震荡和摇摆，不必担心胎儿受干扰。孕期子宫颈紧闭，有许多黏液封闭着，能防止病原菌侵入。了解孕期生理变化，对孕期性生活有帮助。一般来说，怀孕后由于性激素的作用，孕妈妈的生殖器官血管因充血容易受伤和出血，需要丈夫的加倍爱惜。阴道变得湿润而容易进入，生殖器和乳房更加敏感。如果孕妈妈对自身有充分认识，又不必担心避孕问题，可能会发现自己怀孕后的性欲增强许多。但也有些孕妈妈由于早孕反应较重，过于担忧腹中的宝宝，可能会出现性欲低下情况。但千万要注意的是，妊娠期前 3 个月和孕期最后的 3 个月不能性生活。在孕中期，是相对稳定的阶段，性生活一般不会导致不良后果，但是要求性生活前清洗外阴，避免粗暴的动作，性交体位可适当改变，避免压迫孕妇腹部，但是性生活次数不可过度频繁，应尽量减少性生活的次数，防止出现意外。

12. 孕期如何做好乳房保健？

为了产后能够顺利的哺乳，孕期对乳房的保健就显得非常重要了。

穿戴合适内衣。妇女怀孕后，乳房会进一步发育变大，不能穿过紧的内衣，以免压迫而妨碍乳房的发育，但是也不能太松，否则乳房容易下垂，所以应穿戴合适的内衣。随着乳房体积的增大，应不断更换不同型号的乳罩，以使乳房血液循环通畅，促使乳腺组织的正常发育。

不要过度擦洗乳头。过去曾强调孕期应擦洗乳头，以使乳头皮肤坚韧，防止婴儿吸吮时皮肤破损，而专家们的最新观点认为这种做法不妥。因为在乳头边缘有蒙氏腺，在孕期和哺乳期增大，并分泌一种可滑润和保护乳头的物质，在乳头表面形成一层保护膜。若过多地擦洗，尤其使用肥皂或酒精擦洗，可将这层天然保护膜破坏，反而不利于乳头的保护。

纠正乳头内陷。少数准妈妈可能乳头过小、平坦或凹陷，不要过于担心。从妊娠 32 周起，可在医生指导下适当进行乳头牵拉练习，尤其在产后让婴儿频繁吸吮，仍可顺利进行哺乳。对于乳头内陷的孕妇，可将双手擦洗干净后，用双手置乳头根部上下或两侧，同时下压，便可使乳头突出；对于乳头短小或扁平者，可用一手压紧乳晕，另一手自乳头根部轻轻挤压，将乳头牵出。坚持每日进行，数月后可见成效。这里值得注意的是，不可过度频繁地去刺激乳头，否则会引起宫缩，有流产或早产迹象者严禁刺激乳头。

最后，有条件者可适当进行乳房按摩。

13. 孕期如何进行乳房按摩？

乳房按摩。第一步：用温热毛巾对整个乳房热敷。第二步：一只手横放在另一侧乳房上，另一只手压在该手上，双手重叠用力向胸中央推压乳房按摩。第三步：将双手手指并拢放在乳房斜下方，从乳房根部振动整个乳房，然后用双手将乳房向斜上方推压按摩。第四步：从下面托起乳房，用双手向上推压乳房。温馨提示：以上按摩时双手必须握住整个乳房，动作幅度要大，如感到乳腺团块从胸大肌上消失则有效，但严禁乱揉捏，以免乳腺受伤。

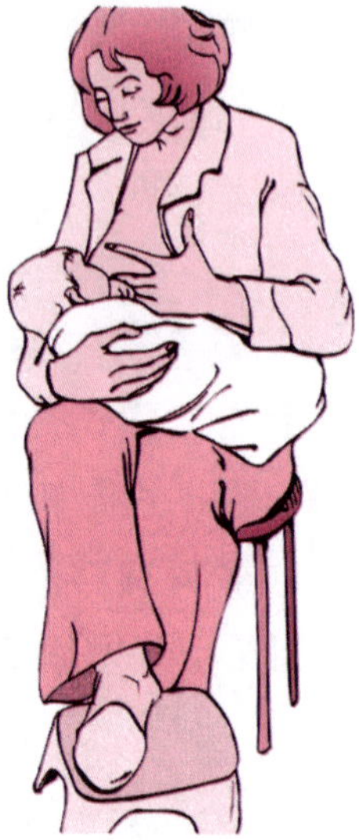

乳头按摩。第一步：洗净双手，用肥皂水将乳头外以环形法擦洗至乳房基底部（锁骨处），分别清洗左、右侧的乳房。乳头应避免用肥皂清洗，以免洗去外层的保护性油脂，同时注意清洗痂皮。第二步：清洗后用手托住乳房，自锁骨下乳房基底部以中指和示指向乳头方向按摩，以拇指和示指揉捏乳头以增加乳头韧性。按摩时两手拇、示指自乳房根部向乳头方向按摩，每日 2 次，每次 20 下。温馨提示：可以用钝齿的梳子自乳房根部向乳头轻轻梳理，也能使乳腺管通畅，有利于产后哺乳。

热敷按摩。用干净的毛巾蘸些温开水，由乳头中心往乳晕方向成环形擦拭，两侧轮流热敷，每侧各 15 分钟，同时配合下列按摩方式：①环形按摩：双手置于乳房的上、下方，以环形方向按摩整个乳房。②螺旋形按摩：一手托住乳房，另一手示指和中指以螺旋形向乳头方向按摩。③指压式按摩：双手张开置于乳房两侧，由乳房向乳头挤压。④横向按摩：目的是使乳房内维持良好的血液循环状态。基本方法就是活动乳房的基底部，鼓起的部位（乳腺体）则不必搓揉。

14. 孕期需要额外补充各种维生素吗？

孕期适量地补充维生素还是有必要的。有些孕妇为了使胎儿得到充足的营养，大量地补充维生素，认为只有这样才能保证胎儿正常的生长发育。其实这种做法是很不科学的，维生素虽然是人体所必需的营养素，尤其是在孕期，充足的维生素对胎儿的生长发育非常重要，但是过量地补充维生素不但不能起到作用，反而会引起维生素中毒，严重的导致胎儿畸形甚至死亡。所以孕妇应根据自己的实际情况来调整，通过膳食和营养素补充剂摄入两种途径而达到需要的维生素剂量。

15. 孕期如何补钙？

钙是人体含量最多的一种微量元素，妊娠期胎儿骨骼的生长发育需要大量的钙，如果孕妇缺钙会引起骨质软化症及新生儿先天性佝偻病。然而，如果血中钙浓度过高，还会出现肌肉软弱无力、呕吐、心律失常等情况，这对胎儿生长也没有好处。因此适量的补钙是十分必要的。据我国营养学会推荐，妊娠中期每天需要补充钙 1 000 毫克，妊娠晚期需要补充钙 1 500 毫克。妊娠足月的胎儿体内含钙 25 克，胎儿平均每天从母体上要得到 130～150 毫克钙量，特别是妊娠后期每天要得到 350 毫克以上的钙。另外，孕妇还应有正常的代谢量的钙，保持自身的钙代谢要求，一般是在孕 20 周以后医生会建议孕妇开始补钙，到了孕 27 周、28 周以后，随着胎儿迅速生长的需要，就一定需要补钙了。所以，孕妇的膳食应多挑些含钙丰富的食物，如牛奶、动物骨骼、虾皮、鱼、紫菜等。另外，孕妇在妊娠中期开始还要补充一些含钙药物，以保证母体本身代谢及胎儿骨骼的正常发育。

16. 孕期如何补铁?

铁是人体不可缺少的物质,是主要的造血原料。腹中的胎儿为了制造自己的血液,也需要铁,并且只能从母亲那里获取,所以孕妇对铁的需求量增加,需要补充足够的铁。如果缺铁,就容易引起贫血,贫血的孕妇会感到头晕、心慌、气短、面色苍白、血红蛋白低,严重者可引起水肿、心脏扩大、心力衰竭等,亦会引起胎儿的发育、胎儿脑部供血不足,可影响大脑的发育及以后的智力。

孕妇补铁可以服用孕期维生素,同时,多吃富含铁的健康食品。红肉是较好的补铁选择,禽肉及其他肉类、贝类也是铁的很好来源。非肉类富含铁的食品也很多,包括豆类、葡萄干、红枣、西梅、无花果、杏、马铃薯(带皮的)、菜花、甜菜、叶类绿色蔬菜、全麦面包、红糖以及加强铁的麦片。要知道,身体吸收动物性来源的铁(血红素铁)要比吸收非动物性来源的铁(非血红素铁)更容易。

还有一个值得注意的问题是,不要靠吃肝脏来补铁。在怀孕期间,孕妇最好不要吃肝脏,因为肝脏中维生素 A 的含量是不安全的,它可能会导致宝宝的出生缺陷。

如果孕妇希望促进身体对铁的吸收,增强补铁效果,可以在服用补铁剂或食用含铁植物性食品的同时,补充一些富含维生素 C 的食品或饮品,这能帮助身体更有效地从植物性来源的食品中吸收更多类型的铁。富含维生素 C 的食品有橙子、番茄、草莓、青椒(灯笼椒)和柚子。肉类和鱼类(富含身体更容易吸收的血红素铁)同样也可以促进孕妇对植物铁的吸收。例如,可以在青椒中放少量牛肉,这有助于吸收蔬菜中的铁元素,达到补铁目的。

此外,需要注意的是,由于钙会影响身体对铁的吸收,所以,在吃富含铁的食品或服用补铁剂时,不要同时服用钙补充剂,或者含钙的抗酸剂。同样,由于牛奶中富含钙,补铁剂不要用牛奶送服。我们可以选择在两餐饭之间喝牛奶。茶和咖啡也一样，它们含有的多酚，会干扰身体吸收补铁剂和含铁植物中的铁元素，从而影响补铁效果。

17. 孕期能服用保健品吗？

从理论上讲，如果注意日常的饮食均衡，摄入的营养可以满足自己和宝宝身体的需要，不需再额外服用孕妇营养品。但因为各种各样的原因，比如烹饪方法不合理、粗粮的摄入减少、食欲不佳等等，不一定能达到一个理想的饮食状态，所以，在饮食不能满足需要的情况下，适当服用一些孕妇营养品，补充容易缺乏的矿物质（如钙、铁等）和维生素是有必要的。但是需要注意的是，目前市面上很多保健品成分不明，甚至还有的添加药品成分，所以在选购保健品时要慎重。

18. 孕期能服中药吗？

中药是药食同源，在保胎上具有无可替代的优势。比如上述孕吐时，西药无计可施，中药则可辨证施治，予以相应草药，收效颇佳。如妊娠便秘，西药往往只有用开塞露对症治疗，中医则予以相应的中药，标本兼治；妊娠期感冒，久经西药抗炎、退热、镇咳后仍不能缓解症状者，中医则可根据其具体症状，给予清热解表，化痰止咳类中药，可以做到药到病除。

19. 怀孕后慎用或禁用的中药有哪些？

某些药物具有损害胎元以致堕胎的副作用，所以应该作为妊娠禁忌的药物。根据药物对于胎元损害程度的不同，一般可分为禁用与慎用二类。禁用的大多是毒性较强，或药性猛烈的药物，如巴豆、牵牛、大戟、斑蝥、商陆、麝香、三棱、莪术、水蛭、虻虫等；慎用的包括通经去淤、行气破滞，以及辛热等药物，如桃仁、红花、大黄、枳实、附子、干姜、肉桂等。

20. 怀孕后慎用或禁用的西药有哪些？

女性孕期用药有很多都需要谨慎，否则会给自己的胎儿带来危害。严重时可能会致使胎儿畸形。孕妇需慎用或禁用的药物归纳如下。

抗生素类药物：如四环素、土霉素、链霉素、庆大霉素、新霉素等。四环素、土霉素可造成胎儿短肢畸形，囟门隆起，先天性白内障，妊娠末期服用可造成儿童期牙釉质发育不良。链霉素、庆大霉素类药物可损害胎儿第八对脑神经，导致先天性耳聋，还可损害肾脏功能。新霉素可使胎儿骨骼发育异常、骈指、肾肺小动脉狭窄、先天性白内障、智力障碍。

抗疟药：如奎宁、氯喹乙胺嘧啶，可致胎儿多发畸形、耳聋、四肢缺损、脑积水等。

治疗糖尿病类的药物：如氯硫丙尿、达麦康、糖斯平等，可致肢体畸形、兔唇、死胎等。

巴比妥类及其他镇静催眠药物：如苯妥英钠、扑痫酮、安定等，可致肢体、面部及脑发育畸形。

抗癌类药物：如放线菌素 D、环磷酰胺、5-氟尿嘧啶、噻替哌等，可致无脑儿、脑积水、腭裂、兔唇、肾及输尿管缺损，四肢及眼畸形等。

激素类药物：如己烯雌酚、黄体酮、雄激素、可的松。口服避孕药可致胎儿生殖器官畸形，如女胎男性化、阴蒂肥大、阴唇融合；男胎尿道下裂等畸形。

抗凝血药物：如双香豆素、水杨酸等也可致畸，并可诱发出血性疾病。总之，孕期应注意避免滥用药物，但如遇有危及孕妇生命安全的急危情况，必须用药时，应以抢救孕妇生命为主，待急危情况过去，应迅速减量或停药。

21. 怀孕后哪些食物慎用？为什么？

含明矾的食物要慎用，明矾是含铝的无机物，积蓄起来其摄入量相当惊人。这些铝会通过胎盘，侵入胎儿的大脑，造成大脑障碍。

糖精和糖是截然不同的两种物质。糖是甘蔗和甜菜中提取的。糖精是从煤焦油里提炼出来的，其成分主要是糖精钠，无营养价值，纯净的糖精对人体无害，但是孕妇不应长时间过多地使用糖精，因为糖精对胃肠道黏膜有很强的刺激作用，并影响某些消化酶的功能，出现消化功能减退，发生消化不良，造成营养吸收功能障碍。由于糖精是经肾脏从小便排出，所以也会加重肾脏功能负担。

热性香料：八角茴香、小茴香、花椒、辣椒粉、桂皮、胡椒、五香粉等调味品，孕妇在孕期应少用或不用。孕妇怀孕时肠道较干燥，热性香料性热有刺激性，易造成肠道枯燥，引起便秘或粪石梗阻。

氯化钠(盐)：孕妇每天进食氯化钠不能超过 20 克。过多进食氯化钠后会引起水肿、血压升高。如果孕妇患有某些疾病，如心脏病、肾脏病等，应从妊娠开始就食低钠盐，如发现孕妇患有妊娠期高血压综合征，也应忌盐。孕妇应逐渐习惯低盐饮食。

酸性食物：由于妊娠早期的妊娠反应，孕妇一般都喜欢吃一些酸性食物，认为酸性食物能缓解孕期呕吐，甚至有些人还滥用一些酸性药物止吐。其实，孕期多吃酸性食物并不好。近年来的科学研究表明，酸性食物和酸性药物是造成畸胎的元凶之一。在怀孕的最初半个月左右，不食或少食酸性食物或酸性药物最好。

咸鱼：咸鱼含有大量亚硝基化合物，进入体内能被转化为致癌性很高的二甲基硝铵，并可通过胎盘作用于胎儿，是一种危害很大的食物。

山楂：女性怀孕后常伴有恶心、呕吐、食欲不振等反应，喜欢吃一些酸性甜果品。山楂酸甜可口，并有开胃消食的作用，是孕妇们喜欢的果品。但是山楂对子宫有一定的兴奋作用，可促使子宫收缩。如果孕妇大量食用山楂及山楂制品，可造成流产。因此有过流产史或有先兆流产的孕妇，应忌食山楂。

桂圆：桂圆营养丰富，被作为补品食用，但是妊娠期间应该少吃或不吃。桂圆中含有葡萄糖、蔗糖、维生素等物质，具有补心安神、养血益脾的功能。其性温、大热，而孕妇往往怀孕后阴血偏虚，阴虚产生内热，再食用桂圆会热上加热，造成孕妇大便干燥、口舌干燥而引发胎热，不但不能保胎，反而会因内热而血妄行，出现阴道出血、腹痛等先兆流产症状。

水果：水果中 90% 是水分，还含有葡萄糖、果糖、蔗糖和维生素。这些糖类很容易被胃肠道消化吸收，果糖和葡萄糖经代谢可转化为中性脂肪，促使体重增加，还易引起高脂血症。所以孕妇每天水果食量不应超过 300 克。

茶：孕妇喝浓茶，尤其是浓红茶，对胎儿会产生危害。茶叶中含有 2%～5% 的咖啡因，咖啡因有兴奋作用。如果孕妇饮用过多浓茶，会刺激胎动增加，甚至危害胎儿的生长发育。茶叶中含有多量的鞣酸，会与孕妇食物中的铁结合形成不被机体吸收的复合物。孕妇若过多地饮用浓茶，可引起缺铁性贫血，会给胎儿留下先天缺铁性贫血的遗患。

咖啡：咖啡中含有咖啡因，能破坏维生素，导致维生素 B_1 的缺乏症。其症状主要表现为烦躁、易疲劳、食欲不振及便秘。严重时可发生多发性神经炎、心脏扩大、心跳减慢、肌肉萎缩或水肿等。孕妇若长期饮用咖啡，危害更大，可导致胎儿损伤或流产。

糯米甜酒：我国一些地方有给孕妇吃糯米甜酒的习惯，糯米甜酒中主要成分是酒精，吃糯米甜酒和饮酒一样，只是糯米甜酒的酒精浓度比较低。酒精可以通过胎盘进入胎儿体内，使胎儿大脑的分裂受阻，而致发育不全。如果中枢神经系统发育受阻碍，会造成胎儿畸形和智力低下。

可乐型饮料：可乐型饮料中含有咖啡因，婴幼儿对咖啡因尤为敏感。咖啡因可迅速通过胎盘作用于胎儿。如果孕妇过量饮用可乐型饮料，母体内的胎儿会直接受到不良影响。咖啡因可使细胞发生变异，因此引起遗传性疾病。德国科学家还证明了咖啡因能破坏人类细胞的染色体。

冷饮：妊娠期女性的肠胃对冷热刺激非常敏感，多吃了冷饮会使孕妇的肠胃血管突然收缩，胃液分泌减少，消化功能降低，引起一系列胃肠症状，如食欲不振、消化不良、腹泻、胃部痉挛、胃痛等。孕妇如果大量贪食冷饮，鼻、咽、气管等呼吸道黏膜充血的血管突然收缩，血流减少，使局部抵抗力下降，容易上呼吸道感染，食冷饮还会造成胎儿在宫内躁动不安，胎动频繁。

22. 妊娠期间胎儿的生长发育过程有哪些?

胎儿的生长发育过程可分为 3 个阶段：①胚卵期，停经 4 周内，受精后 2 周。此时受精卵发生细胞分裂，形成胚泡。②胚胎期，孕 8 周内。此时各器官在这个阶段分化、形成，心脏也在此时形成且有搏动，肝、肾等器官也已形成。③胎儿期，孕 9 周以后。此阶段各器官继续发育成熟。

23. 妊娠期母体的变化有哪些?

妊娠期母体为适应胎儿生长的需要，并为分娩准备条件，各个系统和器官均发生一系列的变化，主要如下。

(1)生殖器官：妊娠后，生殖器官的变化最为明显，具有以下共性：组织增生、肥大、充血、水肿、松软及呈紫蓝色。

1)子宫：妊娠时子宫变化最大，肌纤维肥大、变长、增生致宫体逐渐增大。妊娠期间，子宫经常有不规则的间歇性收缩，以促进胎盘血循环。妊娠后半期，子宫兴奋性增高，收缩加频，足月时变为有规律的收缩，称"阵缩"，是分娩的主要动力。

2)子宫颈:由于血管及淋巴管的增加及结缔组织的增生水肿等,致宫颈肥大变软,内膜增厚,腺体增生,黏液分泌量增多,在颈管内形成黏液塞,可防止细菌进入宫腔。

3)阴道:肌纤维及弹力纤维增生,易于扩张,黏膜变厚,充血,呈紫蓝色,分泌物增多,呈酸性,可抑制致病菌生长。

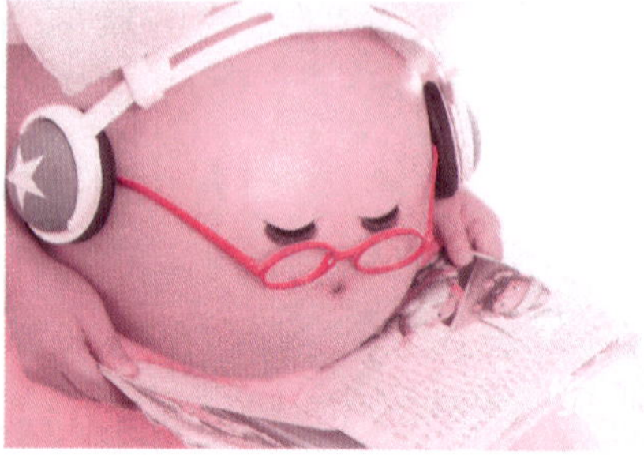

4)输卵管:血运增加,组织变软,黏膜有时呈类似蜕膜样变。

5)卵巢:略增大,不排卵。在一侧卵巢中有妊娠黄体继续生长并分泌雌激素和孕激素。妊娠黄体一般在妊娠 3 个月后开始萎缩,由胎盘替代卵巢分泌激素。

6)会阴:会阴皮肤色素沉着,血管增多、充血,淋巴管扩张,结缔组织变软,故伸展性增大,有利于分娩时胎儿娩出。

7)乳房:妊娠最早几周感乳房发胀,或有刺痛感及触痛,妊娠 8 周后乳房明显增大。由于雌激素及孕激素的增加,乳房腺管与腺体皆增生,脂肪沉积,乳头很快增大、乳晕着色、出现散在的皮脂腺肥大隆起。妊娠后期可由乳头挤出少量黄色液体,称“初乳”。

(2)血液及循环系统。

1)血容量:从孕 6 周起开始增加,至妊娠 32～34 周达高峰,约增加 35%,平均增加约 1 500 毫升,维持此水平至分娩。

2)血液成分:①红细胞。妊娠期骨髓不断产生红细胞,网织红细胞轻度增生。由于血液稀释,红细胞血红蛋白值都有所降低。②为适应红细胞增生及胎儿成长和孕妇各器官生理变化的需要,容易缺铁,应在孕晚期补充铁剂,以防血红蛋白值下降。③白细胞。从孕 7 周起开始增加,至妊娠 30 周时达高峰,主要为嗜中性粒细胞增加,淋巴细胞增加不多,而单核细胞和嗜酸性细胞几乎无改变。④凝血因子。妊娠期血液处于高凝状态,凝血因子Ⅱ、Ⅴ、Ⅶ、Ⅸ、Ⅹ均增加,仅凝血因子Ⅺ、Ⅻ降低,血小板略有减少。妊娠晚期凝血酶原时间、部分孕妇凝血活酶时间轻度缩短,凝血时间无明显变化。血浆纤维蛋白原比非孕期增加约

50%。改变红细胞表面负电荷，出现红细胞线串样反应，故红细胞沉降率加快。妊娠期纤维蛋白溶酶增加，优球蛋白溶解出现延长，表明纤溶活性降低，分娩后纤溶活性迅速增高。⑤循环系统改变。由于新陈代谢和循环血量的增加，以及为了适应胎盘循环的需要，母体心脏负担加重。每分钟心搏出量自妊娠第10周开始增加，至妊娠28周左右达最高峰，较正常增加30%～50%。心率逐渐增加，最高较未孕时约增加10次/分。妊娠后期，因子宫增大，横隔上升，可使心脏向左前方移位，大血管轻度扭曲，心尖部可产生收缩期杂音及肺动脉瓣第二心音亢进，但心电图正常。正常心脏具有代偿功能，故能胜任孕期的负担。但心脏病病人在妊娠、分娩或产后各期，均可出现不同程度的心功能代偿不全。

因妊娠子宫压迫盆腔静脉，使下肢血液回流受阻，股静脉压升高，致妊娠后期常出现足踝及小腿水肿，少数可出现下肢或会阴部静脉曲张。

血压一般无变化。若比原有水平升高3千帕(kPa)(约20 mmHg)以上或达17.4/12千帕(130/90 mmHg)以上者，则为病理现象。

(3)消化系统：早孕期常有食欲不振、恶心、呕吐、挑食及唾液分泌增多等现象，数周后多自愈。因胃液分泌减少，胃酸减少，可影响铁的吸收，故孕妇易患贫血。胃肠道蠕动减弱，易引起胃肠胀气与便秘。妊娠后期子宫压迫直肠，可加重便秘，并可因静脉血流淤滞而出现痔疮。

(4)泌尿系统：妊娠时，由于母子代谢产物的排泄量增多，增加了肾脏的负担，肾脏血液量及肾小球的滤过率均增加，至足月时比孕前可增加30%～50%。

早孕时增大的子宫及妊娠末期下降的胎头，可压迫膀胱而引起尿频。妊娠中期以后，在孕激素的影响下，输尿管蠕动减弱，加以输尿管常在骨盆入口处受妊娠子宫的压迫，致尿流迟缓，易引起泌尿系的感染。

(5)皮肤:皮肤常有色素沉着,在面部、脐下正中线、乳头、乳晕及外阴等处较显著。色素沉着原因不明,可能和垂体前叶分泌的促黑色素细胞激素的增加有关。皮脂腺及汗腺功能亢进,分泌增多。由于伸展过度,腹壁、乳房以及大腿处侧面和臀部的皮肤可因弹力纤维断裂出现斑纹,称"妊娠纹"。新的妊娠纹为紫红色,见于初孕妇;陈旧性妊娠纹呈白色,多见于经产妇。妊娠纹并非妊娠所特有,在任何皮下脂肪沉积较快或皮肤过度伸展的情况下皆可出现。

(6)骨骼系统:孕期因骨盆关节及椎骨间关节松弛,孕妇可感腰骶部、耻骨联合及(或)肢体疼痛不适,这可能和松弛素有关,对此目前还不够了解。

(7)体重:早孕期因早孕反应及食欲不振,体重可下降,随着妊娠月份的增长、胎儿的发育、体内水分的潴留、血液总量的增加及蛋白质和脂肪的储存等,孕妇体重逐渐增加。一般从妊娠第 5 个月开始,每周增加约 0.5 千克,到足月时共增加约 10 千克。如体重增加过快,应考虑有病理情况。

(8)矿物质代谢:铁是血红蛋白及多种氧化酶的组成部分,与血氧运输和细胞内氧化过程关系密切。孕期母体储存铁供不应求,不补充铁易发生缺铁性贫血。

胎儿骨骼及胎盘形成需较多的钙,孕末期体内含钙 25 克、磷 14 克,绝大多数在孕末两个月贮存。因此在孕末期需补充钙及维生素 D。

(9)水代谢:孕妇体内钠盐潴留较多,除供胎儿需要外,也分布在母体的细胞外液内。随着钠的潴留,体内水分亦相应增加。钠与水的潴留与体内醛固酮及雌激素有关,而其排出则与孕激素及肾脏功能有密切关系。潴留的水分,产后迅速以尿及汗液形式排出。

妊娠是一个复杂的生理过程,妊娠期母体各器官要发生一系列变化,以适应胎儿发育成长需要。只有对妊娠过程有所认识,才能做好孕、产期保健,保证母子健康。

24. 孕期胎动如何变化？

胎动是子宫内生命存在的象征。数胎动是孕妇自我监护胎儿情况的一种简易的手段。孕妇 18～20 周开始自感有胎动，夜间尤为明显，孕 29～38 周为胎动最频繁时期，接近足月略为减少，一般每小时 3～5 次。如胎动异常应警惕胎儿宫内窘迫。孕妇自 28 周开始应自数胎动：于每天早、中、晚固定时间各数 1 小时，每小时大于 3 次，反映胎儿情况良好。也可将早、中、晚三次胎动次数的和乘 4，即为 12 小时的胎动次数。如 12 小时胎动达 30 次以上，反映胎儿情况良好；少于 20 次，说明胎儿异常；如果胎动少于 10 次，则提示胎儿宫内缺氧，应及时就诊。

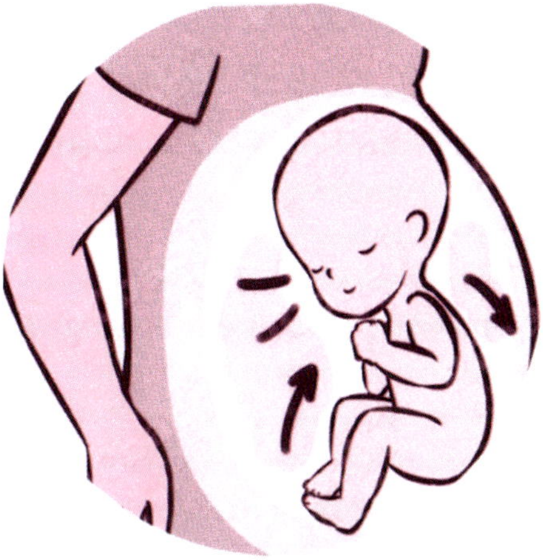

25. O 型血孕妇孕 20 周应做 ABO 溶血试验吗？

若孕妇为 O 型血，而男方为非 O 型血时，孕妇孕 20 周时应做 ABO 溶血试验。当胎儿由父方遗传所得的血型抗原与母亲不同时，进入母体后即会刺激母体产生相应的抗体，可通过胎盘进入胎儿体内，与胎儿红细胞发生抗原抗体反应导致溶血，即为 ABO 溶血。主要发生在母亲 O 型，胎儿 A 型或 B 型，其他血型极少见。

26. O 型血妊娠期间需多食哪些食物？

饮食宜清淡为主，注意卫生，合理搭配膳食。不可过度食用肥甘厚腻之品，亦不可食用牛、羊肉、辣椒等温燥之品，可多食用海带、冬瓜、青菜、适量水果等。

27. 妊娠期胆汁淤积综合征是怎么回事?

妊娠期胆汁淤积征,以妊娠期出现瘙痒及黄疸为特点,早产率及围产儿死亡率高,其发病与雌激素有密切关系,现已广泛地引起临床的重视。临床症状主要表现为瘙痒和黄疸,而呕吐等胃肠症状很少出现。B超检查排除肝外梗阻性黄疸,实验室检查提示:①血清总胆红素升高,可达 68～88.5 μmol/L (4～5 mg/dl),但很少超过 85.5 μmol/L。②血清胆汁酸在30周时突然升高至 2～2.5 μmol/L,可为正常的100倍,并持续至产后下降,5～8周后消失为本病的特异性征象。③碱性磷酸酶活性升高,为正常水平的2～10倍。④产后胎盘病理检查,可见母体面、胎儿面及羊膜面均呈不同程度的黄色和灰色斑块,绒毛膜板及羊膜有胆盐沉积,滋养细胞肿胀、数量增多,绒毛基质水肿,间隙狭窄。对妊娠预后的影响主要有:早产、胎儿窘迫、产后出血、产科并发症等。

28. 孕期皮肤瘙痒是怎么回事?

很多孕妇从孕中期开始就出现皮肤瘙痒,严重时会出现皮肤、巩膜发黄,影响孕妇的休息,分娩后瘙痒的症状会逐渐消失。这到底是什么原因呢?这是一种妊娠期内出现的黄疸,其中有40%是由于病毒性肝炎引起,20%由于妊娠期肝内胆汁淤积引起。在妊娠期,大量雌激素可损害肝脏的排泄能力而导致肝内胆汁淤积。其临床特点有:①可有或无病毒性肝炎的前驱症状,如低热、恶心、呕吐、食欲不振及肝区疼痛。②在妊娠后期出现皮肤瘙痒,瘙痒后1～2周即出现全身黄疸,但一般情况良好。分娩后瘙痒及黄疸逐渐消除。但再次妊娠后上述表现又可出现。因此,称妊娠期复发性肝内胆汁淤积症。③实验室检查血清谷丙氨酸氨基转移酶轻度增高,血清胆红素中度增高。

本病母子预后良好。治疗主要为对症治疗。应用苯丙醇治疗瘙痒症，补给脂溶性维生素、消炎利胆片和舒喘灵等。若仅表现为皮肤瘙痒，并已排除肝炎、妊娠期急性脂肪肝等疾病后，无明确病因。从中医的角度可考虑为热毒，可给予清热解毒中药如黄芩、大青叶、板蓝根、蒲公英、栀子、紫花地丁等口服加擦洗。

29. 什么是前置胎盘？

妊娠 28 周后，胎盘附着于子宫下段，甚至胎盘下缘达到或覆盖宫颈内口，其位置低于胎先露部，称为前置胎盘。前置胎盘是妊娠晚期出血的主要原因之一，是妊娠期的严重并发症。多见于经产妇，尤其是多产妇。临床按胎盘与子宫颈内口的关系，将前置胎盘分为 3 种类型。①完全性前置胎盘或中央性前置胎盘：宫颈内口全部为胎盘组织覆盖。②部分性前置胎盘：宫颈内口部分为胎盘组织覆盖。③边缘性前置胎盘：胎盘附着于子宫下段，达子宫颈内口边缘，不超越宫颈内口。

30. 前置胎盘有何危害？

前置胎盘对母体的影响主要是产后出血和感染，由于胎盘附着在子宫下段，组织薄而脆，分娩时易导致撕裂出血，而且子宫下段收缩力弱，产后胎盘不易完全剥离，可引起产后出血，加之反复出血，孕妇常合并贫血，因而抵抗力低下，易患产后感染。

前置胎盘对胎儿也有较大影响。前置胎盘反复出血，容易引起早产；前置胎盘部分早剥、受压可使胎盘缺血缺氧，易引起胎儿宫内窒息；由于胎盘占据子宫下段的位置，妨碍了胎头进入产妇的骨盆入口，以致胎位异常如臀位、横位发生率高出正常孕妇。早产和缺氧是胎婴儿死亡的常见原因。

31. 胎盘前置与哪些因素有关？如何预防？

目前原因尚不清楚，常与如下因素有关。①多次妊娠、多次人工流产、多次刮宫操作及剖宫产手术等，均可以引起子宫内膜受损。当受精卵植入子宫蜕膜时，因血液供给不足，为了摄取足够营养而胎盘面积扩大，甚至伸展到子宫下段。②当受精卵抵达子宫腔时，其滋养层发育迟缓，尚未发育到能着床的阶段而继续下移植入子宫下段，并在该处生长发育形成前置胎盘。③有学者提出吸烟及毒品影响子宫胎盘供血，胎盘为获取更多的氧供因而扩大面积，有可能覆盖子宫颈内口，形成前置胎盘。④多胎妊娠由于胎盘面积大，延伸至子宫下段甚至达到宫颈内口。

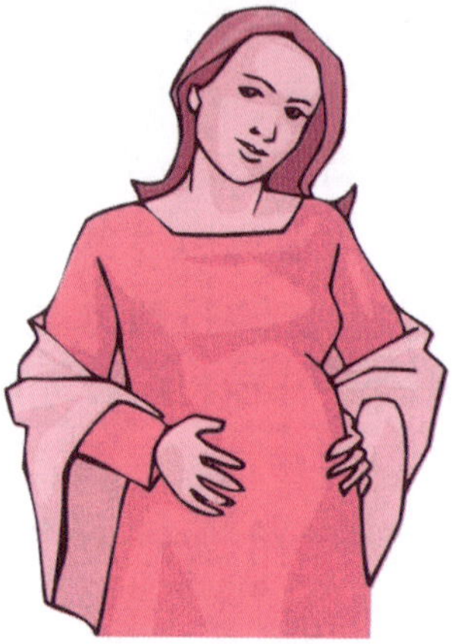

胎盘前置主要以预防为主，从病因着手，做好计划生育，做好避孕，避免多产、多次刮宫、引产，预防感染，减少子宫内膜操作和子宫内膜炎的发生。此外，孕前还应戒烟、戒酒、戒毒，多学习怀孕的相关知识，定期产前检查，出现问题及时就医。

32. 胎盘前置的孕妇有哪些注意事项？

胎盘前置的孕妇需要绝对卧床休息，纠正贫血并用抗生素预防感染。如果孕周小于 34 周，抑制宫缩并给予促胎肺成熟药物。同时严密观察病情并进行相关辅助检查。如反复大量出血、需酌情终止妊娠。

33. 什么是低置胎盘？

低置胎盘是指胎盘位于子宫下段，胎盘边缘极为接近但未达到宫颈内口，有可能发展为前置胎盘。

34. 胎盘位置低可以长上去吗?

在孕中期或晚孕早期,随着孕周的增加子宫下段拉长,胎盘会慢慢上移,但上移的程度因人而异,是否可以到正常位置,还需 B 超跟踪复查。孕中期发现胎盘位置较低的,随着孕周增加,多数可以上移到正常位置,孕晚期或接近足月的前置胎盘上移的可能性就小了。一般情况下,孕 32 周以前胎盘下缘位置都可以有不同程度的改变。因此,怀孕 32 周之前的孕妈妈如果发现胎盘位置低,不用过于担心,注意在医生的指导下跟踪观察。

35. 胎盘位置低能人为改变吗?

有些孕妈妈发现胎儿位置低以后就很担心,希望有什么办法能帮助胎盘快点长上去。胎盘是胎儿的附属物,位于宫腔内,它的位置高低的改变,不能用人为的方法干预。一旦出现胎盘位置异常的情况只能顺其自然,没有什么纠正的方法,一部分低置胎盘位置是可以上去的,而有些也是不会改变的。因此,一旦出现反复出血且出血量较多者,一定要住院观察、治疗,并积极止血、纠正贫血,预防感染。一般来说,怀孕周数小于 34 周的孕妈妈,可行期待疗法,卧床休息,记得要左侧卧位,每日间断吸氧。怀孕满 36 周的孕妈妈,可酌情考虑终止妊娠。

36. 胎盘位置低需要注意什么?

不管是在孕中期还是孕晚期,一旦发现胎盘位置较低,孕妈妈就要注意休息,禁止性生活,也不能剧烈运动,还要预防便秘。做好了这几点,就可以减少出血的机会,再者一定要做好孕期保健。

37. 如何计算预产期？

妊娠通常持续9个多月。在这9个多月的时间里，胚胎从一个简单的细胞，变成由数百万个细胞组成的、极复杂的有机体。在整个人生过程中，任何时间都不会像这一小段时间那样生长得如此迅速。一旦确诊妊娠，便可预计孩子出生的时间，这在医学上称为“预产期”。计算预产期，只需在末次月经第一天加上9个月零1周(280天)即可。例如，末次月经是1月1日，加9个月为10月1日，再加1周(7天)，为10月8日。10月8日就是预产期。真正分娩可能发生在预产期的前后2周内。由于月经周期不同，受精卵着床的时间也有差异，所以计算方法有如下变化。

每3周来一次月经的妇女，其妊娠期限应为280天－1周＝39周。

每4周来一次月经的妇女，其妊娠期限应为280天＝40周。

每5周来一次月经的妇女，其妊娠期限应为280天＋1周＝41周。

如果你的月经周期不太规则，或者记不清末次月经的日期，就应在妊娠早期根据妇科检查来推算。

38. 二胎产后家庭如何对待两个孩子？

当第二个孩子出生后，父母或者长辈要特别注意不要过度关注新生儿，而让第一个孩子感到过度“受冷遇”。父母必须理性、平等地对待两个孩子，“一碗水必须端平”。有些家庭认为大孩子就一定要让着小孩子，这是不对的。其实，家长应该帮助两个孩子建立平等的关系，这对他们将来的成长非常重要。

39. 什么是产褥期?

产褥期(传统的"坐月子"只指产褥期的前30天)是指胎儿、胎盘娩出后的产妇身体、生殖器官和心理方面调适复原的一段时间,需6~8周,也就是42~56天。在这段时间内,产妇应该以休息为主,尤其是产后15天内应以卧床休息为主,调养好身体,促进全身各系统,尤其是生殖器官的尽快恢复。

孕妇为了适应胎儿的发育及为分娩进行准备,生殖器官及全身发生了很大变化,分娩后则通过一系列变化,使生殖器官及全身(除乳房外)又恢复到非孕状态,这种生理变化约需42天才能完成。自胎盘娩出后,产妇便进入了产褥期。在这段时间里,产妇的乳房要泌乳,子宫要复原,身体的各个系统要逐渐恢复正常,如通过排汗、排尿的增加来减少多余的血容量;胃酸增加、胃肠道张力及蠕动恢复,使消化能力恢复正常;不哺乳或部分哺乳的产妇可有月经回潮。总之,产褥期是全身多系统包括体形、腹壁等逐渐复原的时期。

40. 传统坐月子有科学依据吗?

21世纪,我们提倡"科学坐月子",就是让产妇在产后的一个月时间里调整好因为怀孕、分娩身体所产生的变化。同时家庭多了一个新成员,作为母亲要学习照顾孩子,要母乳喂养,要适应有孩子的生活,由一个女儿的心态逐渐适应做母亲的心态,完成一个从接受爱到付出爱的心路历程,当满月后,作为母亲应全身心地为家庭、为孩子去付出。

传统坐月子有些陋习,主要指产妇不仅要闭门不出,坐床不起,而且要紧闭门窗,密不透风。产妇还要头戴帽子或裹毛巾,穿厚衣服,即使是大热天也必须如此。为了避免"受凉",产妇不能洗头、洗澡,不能沾水,连刷牙都不行。产妇也不能喝凉水,不能吃"凉性"食物。

这种传统方法欠妥。由于生活条件的改善,孕期我们知道补充叶酸、补充钙质;有围产保健;在医院分娩,有充分的医疗设施为产妇保驾，有严格的消毒隔离措施避免感染；我们家庭生活条件在改善，现在有空调、暖气、有淋浴、有卫生间；还有医疗卫生常识的普及等。这些都是现代如何科学坐月子的基础，但是也不能效仿西方，如产后立即游泳、喝冰水等。

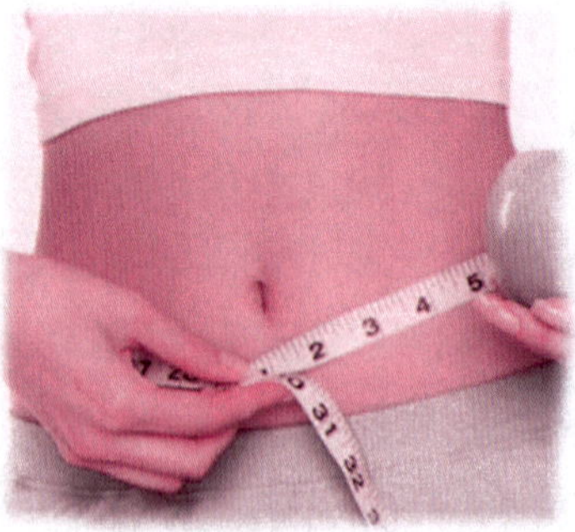

古人之所以不让刷牙，是由于孕期缺钙，不知道补钙，造成骨质疏松，所以有“生一个孩子掉一颗牙”说法；古代不让洗澡，是没有相对来说较好的卫生条件和保暖措施，孕妇分娩后，每天出大量的褥汗，另外子宫收缩，一个月左右都有恶露排出，所以应该洗澡、讲卫生，但洗完澡应该尽快擦干身体，注意保暖。夏天还要防止中暑，房间每天都要通风。避免长时间上网、看电视等，因其容易引起视力下降和肩颈及腰腿疾患。

41. 什么是恶露？一般持续多长时间？

产后随子宫蜕膜(特别是胎盘附着处蜕膜)的脱落，含有血液、坏死蜕膜等组织经阴道排出，称恶露。恶露分为 3 种。

(1)血性恶露：色鲜红，以含大量血液得名。量多，有时有小血块、少量胎膜及坏死蜕膜组织。

(2)浆液恶露：色淡红，似浆液得名。含少量血液，但有较多的坏死蜕膜组织、宫颈黏液、阴道排液，且有细菌。

(3)白色恶露：黏稠，色泽较白得名。含大量白细胞、坏死蜕膜组织、表皮细胞及细菌等。

正常恶露有血腥味，但无臭味，持续 4～6 周，总量为 250～500 毫升，个体差异较大。血性恶露约持续 3 天，逐渐转为浆液恶露，约 2 周后变为白色恶露，约持续 3 周干净。上述变化是子宫出血量逐渐减少的结果。若子宫复旧不全或宫腔内残留胎盘、多量胎膜或合并感染时恶露量增多，血性恶露持续时间延长并有臭味。

42. 产后体虚表现有哪些？怎样调理？

产后体虚是指女性产后的一种亚健康或疾病状态，由于分娩过程中的能量消耗、创伤和出血，导致其元气耗损，气血不足，称为产后体虚。如眩晕、怕冷、怕风、出虚汗、腰膝酸软、小腹冷痛、心悸气短、四肢乏力、便秘、小便不利等症状。中药膳食可以帮助产妇的身体尽快恢复，可以在中医的指导下，选用党参、黄芪、当归、麦冬、枸杞、山药、桂圆、核桃仁、黑芝麻、莲子等煮粥或煲汤喝。

体虚怕冷、怕风、出虚汗，甚至容易感冒，由于气虚血弱而致身体对环境的适应能力下降，产后经常怕冷、怕风，容易患感冒。以往民间的很多产后禁忌就是针对这一点而形成的，所以产妇还是应该科学地看待这些禁忌。不是不能洗澡和洗头，而是要水温适度。要避免身体被冷风吹，避免盆浴。月子里也可以外出，条件是在气温适宜的时候，但不能身体带汗，尽可能地多穿一件外套。也可以刷牙，但要用温水，做家务用水时要尽量使用温水。

眩晕：分娩时用力伤气和失血过多，使血液不能送达脑部而感到头晕目眩，伴食欲不振、恶心、发冷、头痛等症状。一般在产后几天内，随着气血逐渐恢复会慢慢好转，不过有时也会持续一段时间。调理法：不要急于下床，产后至少要卧床休息一天。起来活动时要有人陪护，尽量放慢动作以免晕倒摔伤。可在家采用食补，如取羊肉500克洗净切片，取黄芪50克、当归50克、大枣10个、生姜1块，用慢火炖烂，吃肉喝汤。

出汗：由于产后需要排出体内积存的大量水分，所以产妇出汗是正常的。但汗液会很快带走体表的热量，因此要注意保暖，不能贪图凉快而一味地减衣服。如果出汗过多，感觉到口干舌燥，或者超过一周仍然汗出不止，说明是气虚不能固表，可以通过服用中药来调理。调理法：

可以服用玉屏风散(丸),也可以服用浮小麦羊肚汤,即取浮小麦50克用纱布包好,羊肚200克切片,加水后放在一起煮熟,喝汤吃肚片,会起到一定效果。

便秘和痔疮:分娩耗伤气血津液,肠道缺少推动力和滋润,再加上产后卧床时间长,导致气机不畅,所以产妇常常会出现便秘。产后超过3天未解大便,就表示出现了便秘。大便干燥、坚硬,排出异常困难,很容易引起痔疮,增加痛苦。加上分娩时会阴伤口的疼痛,一想到排便就会有一种恐惧感,也促使便秘形成一个恶性循环。调理法:产后,首先要预防便秘的出现。如果产妇在产前就有便秘的习惯,产后应该及早下床活动。饮食上避免辛辣刺激食物,多吃富含粗纤维的蔬菜等,要注意多喝白开水。注意养成定时排便的习惯,形成条件反射。可以服麻仁润肠丸等润肠类中成药,还可以选择药膳,如取核桃仁5个捣烂、桃仁20克去皮捣烂、黑芝麻20克炒熟研烂、蜂蜜50毫升(找到两样以上即可,配齐更好),与适量粳米煮粥,早晚喝。

小便不利:产后气虚,导致排尿功能障碍,发生排尿困难,小腹胀满急迫,坐卧不安,或小便次数增多,甚至日夜数十次,或排尿不能自行控制。调理法:如果产妇在产后不能自行排尿,帮助她坐起,尝试听流水声音以刺激排尿。也可以用温热的生理盐水冲洗外阴,对小腹施以按摩,并点按关元穴(肚脐下三寸)。如果症状几天后没有缓解,在中医的指导下服用益气利尿的中药,或服用补中益气丸,也有一定的效果。

四肢疼痛:又称为产后身痛或产后风,产后风寒湿邪很容易袭入经络关节,造成四肢关节疼痛。做家务接触冷水,往往会落下手指关节疼痛的毛病,衣裤单薄可以引起膝关节、肘关节疼痛,鞋袜不暖则容易患足跟痛。调理法:如果能够积极地预防,可以尽可能避免产后四肢疼痛的出现。如果出现症状,尽快予以治疗也不会留下什么后患。首先,要保证疼痛部位不再受寒,多吃一些含钙高的食品,如牛奶、黄豆制品、虾仁，或适量服用钙剂，疼痛就会慢慢缓解。如果疼痛没有改善，可以服用中药，但最好有中医指导。

43. 产后中医健康指导内容有哪些？

产后中医健康指导内容包括以下方面。

寒温适宜：产妇居室应空气清新，冷热适宜。不可当风坐卧，以免外邪侵袭。卫表不固，应避风寒，受之则遍身疼痛；室温不宜过高或过加衣被，特别是夏日暑天，可致中暑。

劳逸适度：产妇要充分休息，保证睡眠时间，劳动不宜过早过累，不宜负重，以免导致恶露不绝、子宫脱垂。

调节饮食：产后气血耗伤，又须化生乳汁哺育婴儿，急需加强营养。饮食宜选营养丰富而易消化的食品，忌食生冷或过食肥甘，以免损伤脾胃。

调和情志：产妇精神要愉快，切忌暴怒或忧思，以免气结血滞，引起腹痛、缺乳等病变。

保持清洁：会阴部的产创要注意消毒和护理。产褥期有恶露排出，血室已开，易致邪毒感染。产创已愈，可用温开水擦洗外阴，内裤应经常换洗和日光消毒。温水刷牙、洗澡和洗头，要水温适度，避免盆浴。

44. 二胎产后如何塑造完美身材？

坐月子一向被视为女人调养体质的最佳时期，产后要恢复美丽和身材，在坐月子时就要注意健康美丽的技巧和方法，从生理和心理上全面注意恢复和保健，争取成为健康漂亮妈妈。饮食方面，产后由于出血及出汗比较多，需要补充大量的营养及水分，一般饮食要求就是精、杂、软、稀。精是指不要吃得过多，以免由于饮食过多加剧肥胖，可以比孕期多出 1/5 即可。杂就是荤素搭配，尽量的以多种营养的食品互为补充。软即是煮得软一点，少吃油炸的食物，少吃坚硬的带壳的食物，因新妈妈产后由于体力透支，很多人会有牙齿松动的情况，过硬的食物一方面对牙齿不好，另外一方面也不利于消化吸收。稀即是多喝汤水，产后乳汁的分泌是新妈妈产后水的需要量增加的原因之一，此外，产妇大多出汗较多，体表的水分挥发也大于平时。因此，产妇饮食中的水分可以多一点，如多喝汤、牛奶、粥等。其次，还要注意适当的运动，体育锻炼，以及盆底康复训练。穿着方面，要避免着凉、受风。产后 3 个月，选用正确的方法控制体重减肥，恢复身材。同时，积极预防乳腺炎、乳房下垂、阴道壁松弛、子宫脱垂及产后痹证等产后常见病。

45. 产后能运动么？什么时间开始锻炼合适？

产后要适当活动，进行体育锻炼，有利于促进子宫收缩及恢复，帮助腹部肌肉、盆底肌肉恢复张力，保持健康的形体，有利于身心健康。产后适当休息，卧床最好侧卧，多翻身，尽量少仰卧。产后 12～24 小时可以坐起，并下地做简单的活动。生产 24 小时后就可以锻炼，不用器械，躺在床上即可进行。开始应有人协助，以后慢慢自己做。根据自己的身体条件可做些适当运动，如俯卧运动、仰卧屈腿、仰卧起坐、仰卧抬腿、肛门及会阴部、臀部肌肉的收缩运动，简单易行，并根据自己的能力决定运动时间、次数。注意不要过度劳累，开始做 15 分钟为宜，每天1～2 次。

46. 二胎产后子宫收缩较一胎缓慢吗？

不一定。根据产妇生产的具体情况决定。建议做子宫按摩加速子宫收缩。产妇把手放在肚脐周围，触摸寻找子宫位置，如感觉不到腹部有一个圆形硬块，就需要做子宫环形按摩，借此加速子宫的收缩。子宫收缩的同时，恶露也会随之排出体外。由于子宫变硬表示收缩情况良好，所以，自然生产的产妇在产后 24 小时内，应随时按摩，必须做到子宫变硬才能停止。鼓励其持续哺喂母乳，以促进子宫收缩及增强子宫复原的状况。

47. 二胎后需要做盆底康复吗？有哪些方法？

二胎后更需要做盆底康复，因为再次生产对女性盆底更容易导致损伤。生产对女性盆底都会有不同程度的损伤。轻者表现为产道松弛、性生活不满意或小腹坠胀、尿频、便秘等不适，重者可出现尿失禁、子宫脱垂、膀胱脱垂、直肠脱垂等疾病，造成难以言状的痛苦，甚至造成家庭不和谐。在欧美及日韩等发达

国家和地区，已经普及了盆底肌肉评估、生物反馈训练和电刺激治疗，对产后 42 天的妇女常规进行盆底肌肉训练，从而大大地减少了盆腔器官脱垂以及尿失禁等盆底功能障碍性疾病的发生。同时，唤醒盆底的神经及肌肉，使阴道更好地恢复到紧缩状态，从而提高性生活的质量、快感及高潮。盆底功能障碍的治疗并不复杂，而且治疗效果很好。“轻度的患者只需在医生的指导下自己回家做盆底肌肉的锻炼。而中重度的患者可以在医院接受电刺激生物反馈等的治疗。目前康复训练采取五大治疗方式。

（1）电子生物反馈：利用生物工程技术、生物信息原理，凭借高科技的治疗仪，制定个性化的治疗方案，针对不同患者采用不同频率、不同脉宽、不同强度的电刺激，不同效果的生物反馈模式，结合场景反射的训练，唤醒被损伤的盆底肌肉，增加盆底肌肉肌力和弹性，使盆底功能恢复正常，并增强阴道紧缩度，提高性生活质量，同时有利于预防、治疗尿失禁、子宫脱垂、阴道松弛等盆底障碍性疾病。

（2）功能性电刺激：治疗原理是通过神经肌肉刺激增强肌肉的收缩

能力，使盆底肌肉强度和弹性增强，同时反射性抑制膀胱兴奋，使尿失禁得到完全控制。

（3）运动治疗：①凯格尔训练为有意识的对耻骨-尾骨（即肛提肌）为主的盆底肌肉群进行自主性的收缩锻炼。反复进行缩紧肛门的动作，每次收缩不少于3秒，然后放松，连续做15～30分钟为一组锻炼，每日进行2～3组，6～8周为一个疗程。②利用弹力带、弹力球、振动棒进行锻炼。

（4）膀胱训练：指导患者记录每天的饮水和排尿情况，填写膀胱功能训练表，有意识的延迟排尿间隔，最后达到2.5～3小时排尿1次，使病人学会通过抑制尿急而延迟排尿。

（5）生活方式干预：减轻体重、生活起居规律、避免强体力劳动等。

48. 二胎产后如何调养？

分娩以后，除乳房外，产妇全身各器官、各组织，尤其是生殖器官，都要恢复到妊娠前状态，这种复原变化相当缓慢，需要6～8周才能完成，这一段时间就叫“产褥期”。产褥期虽然比妊娠期短得多，它的重要性却不亚于妊娠期。产后康复得好不好，关系终生。所以应注意产后调养，促进康复。

（1）饮食方面，饭菜应多样化，粗细粮搭配，荤素菜夹杂，以富含蛋白质、维生素及矿物质（钙、镁）为要。

（2）卧室必须注意通风，保持室内空气新鲜，尤其夏天应慎防中暑。

（3）注意清洁卫生。冬季每隔2～3天揩身，夏天洗淋浴，不可盆浴。洗澡之外，勤洗外阴。

（4）产后恶露未净时，不可性交。会阴有伤口、产道有损伤的产妇，更须推迟。及早起床活动，坚持产后体操。

（5）产后2周以上，恶露依然血性或出血如月经量，应立即就诊，不可拖延。

（6）注意乳房卫生，每次哺乳前用清水或2%硼酸水擦净乳头。定时喂奶，多余奶用吸乳器吸出或挤出。不让小儿含着乳头睡觉，否则乳头浸软易破。如乳头破裂，涂以50%鱼肝油铋剂，吹干，在哺乳前洗去。如哺乳时疼痛厉害，可用玻璃奶罩，不让婴儿直接吮吸，或把奶汁挤出来喂。

49. 二胎产后饮食如何调养？

红糖、鸡蛋加小米是最传统的月子食谱，但这并不意味着每天都吃这几样食物就能满足新妈妈的营养。专家的建议是广泛摄取、合理搭配，尤其注意铁和钙的吸收。

（1）适当饮用红糖水，补铁、利尿。红糖的铁含量很高，还含有多种微量元素和矿物质，能够促进恶露排出，防治尿失禁。不过，饮用过多会导致新妈妈出汗更多，体内盐分流失。因此不宜饮用时间过长，最多不要超过10天。

（2）从流食慢慢过渡到正常的饮食。产后，消化系统的功能需要一段时间才能恢复，因此，产后几天可以选择一些比较容易消化的食物。可以从粥、面条过渡到稀饭，然后再吃米饭和面食。

（3）少食多餐，不可贪吃。因为月子里面新妈妈大部分时间都是躺在床上，因此，每顿饭不宜吃太多，可以饿了再吃。

（4）最好以天然食物为主，不要过多服用营养品。目前，市场上有很多保健食品，有些人认为怀孕和生产的过程让女人大伤元气，要多吃些保健品补一补。这种想法是不对的，月子里应该以天然绿色的食物为主，尽量少食用或不食用人工合成的各种补品。还可以选择食用一些专为孕产妇设计的妈妈奶粉、多种维生素或钙片，因为月子里的妈妈，尤其是进行母乳喂养的妈妈需要补充更多的钙、铁、维生素和矿物质。

（5）要多喝一些温的白开水，避免冷饮。饮料和酒精类饮品不适合月子里的新妈妈饮用，应该多喝一些温热的白开水，补充大量出汗时体内丢失的水分。千万不要因为天气炎热或怕出汗而喝冰水或是大量食用冷饮。

(6)避免辛辣和容易产生胀气的食物。产后容易出现便秘的问题，饮食要丰富，多食用富含植物纤维的蔬菜和水果。

(7)饮食不能过于清淡。新妈妈在产后出汗、分泌乳汁需要大量的饮水，这些都会导致体内盐分的流失，因此饭菜里面可以少盐，但绝对不能一点都不放。

(8)不要为了恢复身材，而控制饮食的摄取量。对于月子里的妈妈，尤其是进行哺乳的妈妈，应该保证足够热量的摄入，哺乳的妈妈每天应比正常的女性多摄入700卡的热量，所以这个时期绝不能采取节食的手段瘦身。

(9)保证补钙补铁的食物摄取量。新妈妈因为在孕期和产程中会丢失大量的钙和铁，应该保证每天从食物中摄取足够的钙和铁，每天钙的摄取量应不少于1.1克，铁为20毫克。富含钙质的食物有骨头汤、海带、牛奶、芝麻等。富含铁的食物有木耳、动物的内脏等。

(10)产后两个星期内避免大鱼大肉。在肠胃功能恢复之前，可以将鱼、肉熬成汤食用，两周之后再食用肉类。不过比较油腻的汤也要谨慎食用。

(11)瓜果如果担心凉可以榨成果汁饮用。不食用生冷的食物。蔬菜可以烫一烫或炒熟，水果可以榨成果汁后，将装有果汁的杯子放入热水里5～10分钟后再饮用。或者是将水果煮成水果茶饮用。

50. 二胎产后如何穿衣？

传统观念上认为，坐月子应该“捂”，意思就是要多穿、多盖，避免着凉、受风。这样的说法有一定的道理，因为产后新妈妈的身体比较虚弱，免疫力降低，与正常人相比更容易生病，因此要多加小心。但如果天气炎热的话，也要根据自身情况适当减少衣物，千万不要一味地“捂”，导致中暑。

（1）材质应该选择棉制的，既保暖又吸汗。产后，最常见的身体现象就是出汗多，俗称是“褥汗”，尤其是以夜间睡眠和初醒时最为明显，这是一种正常的生理现象，是身体在以出汗的形式排出孕期体内增加的水分。因此，新妈妈的衣物一定要选择纯棉的、透气性好的，袜子也是一样。

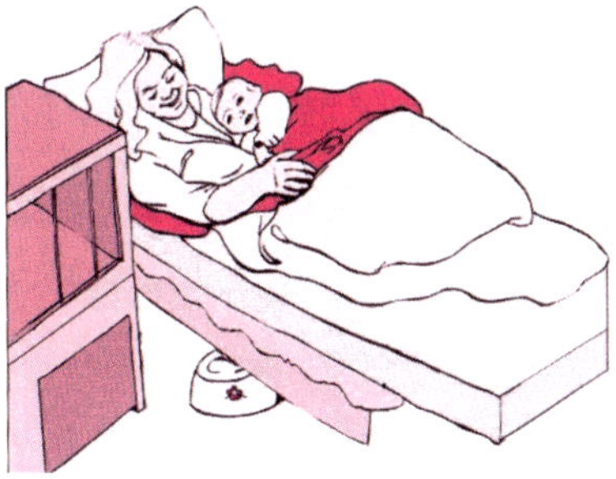

（2）应该穿长衣长裤，穿薄袜子。户外晒太阳时可以选择短袖上衣。平时穿好长衣长裤和袜子，尤其是淋浴后。如果天气好，可以到户外晒太阳，为了能更好地接受阳光照射，上衣可以选择半袖衫，不过一定要做好防晒。

（3）睡衣要宽松，必要时可以穿着袜子睡觉。有些新妈妈在清醒的时候会十分小心，可是一旦睡着了就会蹬被子，很容易着凉，最好的办法就是穿着睡衣和袜子入睡。

（4）衣物一定要勤洗勤换。产后多汗，有时不到半天衣服裤子已经湿透了，千万不要怕麻烦，要多准备一些内衣内裤和贴身的衣物，一旦感觉不舒服马上换下来，避免着凉。

（5）根据天气，适当增减衣物，必要时可以戴个头巾或帽子。遇到雷雨天气或温度不是很高的天气，如果想外出晒太阳，最好是能戴个头巾，以防着凉。

（6）衣物洗净后最好放在太阳下暴晒消毒。换下来的衣物最好能尽快清洗，可以在洗衣的同时在水中加些专用的洗衣消毒水或是利用阳光的照射给衣物消毒。

（7）遇到天气不好的时候或是生活在潮湿的环境里，最好要用熨斗把衣物熨干。这样可以防止衣物长时间不干，滋生细菌。

51. 二胎产后哺乳期卫生应注意哪些？

产妇分娩后30分钟内即可开始哺乳，哺乳时间一般为12～24个月，即称哺乳期。至4～6个月时即应增加辅助食品。母乳是婴儿的最佳营养品，不仅含有易于消化的各种营养素，而且含有抵御病邪的抗体。因此，应当尽量坚持母乳喂养。为了保持哺乳的顺利进行，应注意以下几个问题。

清洁乳房：每次哺乳前要用温开水清洗乳头和乳晕，特别是第1次哺乳更要彻底清洗，以免不洁之物带入婴儿口内。同时乳母先要洗手，避免污染乳头。按摩乳房，避免乳汁壅积成痈。乳头皲裂应及时处理。

正确哺乳：哺乳姿势可采用侧卧式或坐式，要注意乳房不能堵塞住婴儿鼻孔。母乳喂养提倡按需哺乳，不规定哺乳时间和次数。每次哺乳时间10～15分钟，时间过长会增加乳头的浸软程度，而易发生皲裂。每次哺乳最好完全吸空，以使下次泌乳量增加。

保持乳量：保持乳汁的质和量，要以调节饮食，加强营养为第一要务。其次，心情舒畅，精神愉快，睡眠充足，避免过劳，按需喂哺等也是重要的条件。喂哺母乳者宜多进稀软多汁的食品(汤、粥、羹)、虾肉、猪蹄、母鸡、花生、黄豆、红豆、豌豆、鲤鱼、鲫鱼、酒酿、豆腐。

52. 二胎产后奶水不足的原因有哪些？

二胎的产妇普遍年龄偏大，更易引起奶水不足。造成奶水不足的原因可见以下几个方面：①过早添加配方奶或其他食品。这是造成奶水不足的主要原因之一。由于宝宝已经吃了其他食物，并不感觉饥饿，便自动减少吸奶的时间，如此一来，乳汁便会自动调节减少产量。②喂食时间过短。有些妈妈限制哺喂的次数，或者每次喂食时间过短等，都会造成母奶产量的减少。事实上，哺喂母奶不必有固定的时间表，宝宝饿了就可以吃；每次哺喂的时间也应由宝宝自己来决定。有时候宝宝的嘴离开妈妈的乳头，可能只是想休息一下，喘一口气（吸奶是很累的，有没有听过“使出吃奶的力气”这句话），或是因为好奇心想要观察周围的环境等。③婴儿快速生长期。在2～3周，6周，以及3个月左右，是婴儿较为快速的生长阶段，此时宝宝会频频要求吸奶，这可说是宝宝本能地在增加妈妈的奶水产量，若在此时添加其他食物，反而会妨碍奶水的增加。④产妇营养不良。妈妈平日应该多注意加强营养，不宜过度减轻体重，以免影响乳汁的分泌；最好多食用富含蛋白质的食物，进食适量的液体，并注意营养是否均衡。⑤人工挤乳器损坏或不会使用。有时妈妈已经恢复上班，便用挤乳器挤出母乳喂食宝宝，没想到却越挤越少。此时请先检查人工挤乳器是否损坏，不过由于大多数人工挤乳器并不像宝宝的嘴那般具有增加母乳产量的能力，因此在挤的时候千万保持耐心慢慢来。⑥药物影响。妈妈若服用含雌性激素的避孕药，或因疾病正接受某些药物治疗，有时会影响泌乳量，此时应避免使用这些药物，在就诊时，应让医师知道你正在喂母乳。⑦母亲睡眠不足，压力过大。为人母的工作是十分耗费精神以及体力的，建议妈妈们应放松心情，多找时间休息，就可以解决暂时奶水不足的现象。

53. 二胎产后奶水不足怎么办？

分娩后，乳汁开始分泌，产后第2～3天，乳汁增多，是正常产妇最初出现乳胀的时间，有少数产妇第3天仍乳汁稀少，乳房无胀感，甚至以后更长的日子都不会出现乳胀的感觉，乳汁不能满足婴儿的需要。

《傅青主女科》云:“乳乃气血之所化而成也,无血固不能生乳汁,无气亦不能生乳汁”。此为产时耗伤气血,而出现产后气血虚弱,因而影响乳汁的生成,虽有乳汁分泌,但乳汁稀少,远不够婴儿所需。

西医对于奶水不足,除了乳房按摩及催产激素注射外,并没有很好的处理方法,而中医则建议食补重于药补。例如,怀孕时若有妊娠贫血,要服用铁剂补充,以预防产后大出血,造成母体营养不足,产后则要增加营养,尤其要多吃富含蛋白质的食物和新鲜蔬菜;若是为了钙的补给,最好多吃些连骨一起的小鱼(如仔鱼),及吃些芝麻豆腐、芝麻拌菜,用油以植物油较理想。还有一些食疗处方,如木瓜煲鳅鱼汤、催乳汤、丝瓜鲫鱼汤、清炖乌骨鸡、花生炖猪蹄、母鸡炖山药等。必要时可采用中药口服、针刺、刺络放血等方法治疗。

54. 哪些食物能增加乳汁?

分娩后产妇乳汁稀少或没有分泌,就可以诊断为缺乳,食疗对缺乳有很重要的改善作用。专家提醒:分娩后的第一周内饮食宜清淡,应以低蛋白、低脂肪的流质为主。此后可适当增加营养,可根据个人口味、平时习惯,适当多吃一些促进乳汁分泌的食物,如鲫鱼、鲢鱼、猪蹄、鸡及其汤汁,还可适当多吃些黄豆、丝瓜、黄花菜、核桃仁、黑芝麻之类的食品。严禁妈妈产后立即喝高脂肪的浓汤,容易影响食欲,并且高脂肪会增加乳汁的脂肪含量,新生儿、稍大的宝宝不能耐受和吸收。大量资料证明,肉类、蛋类及豆制品类食物,具有丰富的营养成分,不仅可补充分娩时消耗的大量能量,而且为制造乳汁提供了大量优质原材料,如蛋白质、不饱和脂肪酸、微量元素等。下面就介绍几种能增加乳汁的汤类。

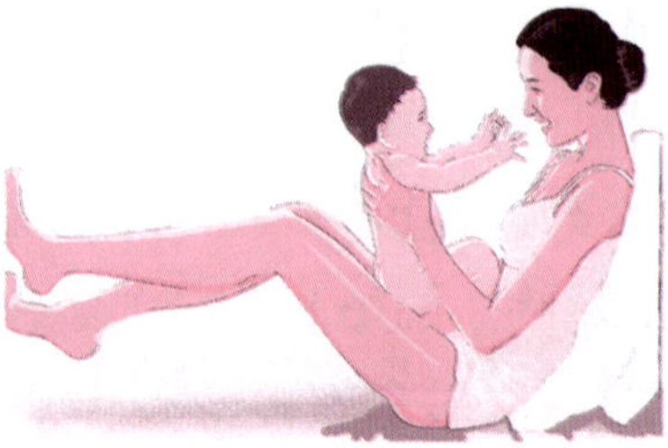

丝瓜仁鲢鱼汤:丝瓜仁 50 克,鲜鲢鱼 500 克,一同熬煮成汤,食用时可放些酱油,不放盐,最好一次吃完,连喝 3 天。营养功效:丝瓜仁有

催乳作用，鲢鱼有补虚、理气、通乳之功效，对血虚引起的缺乳有效果。

猪骨催乳汤：鲜猪骨（腔骨、排骨、腿骨皆宜）500 克，通草 6 克，加清水 2 000 克，一同在锅里熬煮 1～2 小时，直至熬成约 1 小碗汤，加少许酱油，一次喝完，连用 3～5 天。营养功效：猪骨具有补气、补血、生乳的作用，特别是加上通草后作用更强。

鲫鱼鲜汤：鲜鲫鱼 500 克，通草 6 克，精盐少许，清淡为佳。先把新鲜鲫鱼去鳞、去内脏，再加上通草煮汤，每天吃鱼喝汤两次，连用 3～5 天。营养功效：鲫鱼能和中补虚，渗湿利水，温中顺气，具有消肿、利水、通乳之功效；通草也可以通气下乳，与鲫鱼相配效果更佳。

另外黄花菜、豆腐、红糖均为能增加乳汁的食物。

55. 哺乳会导致乳房下垂吗？

哺乳是造成乳房下垂的原因之一。乳房在合理情形下，尤其是年轻的妇女，乳头的水平位置是在乳房下皱襞之上，若掉在其下即是所谓的乳房下垂。下垂得越严重，就掉得越低。妇女在怀孕和哺乳时，由于乳房部位皮肤难以承受分泌乳汁的腺体组织的急剧增长，因而在腺体组织团块过大的部位，皮肤结缔组织会发生断裂，以后断裂处会形成瘢痕留下一道道以乳头为中心向四周散射的白色痕迹，就像妊娠纹一样。当停止哺乳后，因为激素水平的减低，乳腺泡管、腺体和脂肪组织都会发生萎缩，而皮肤及支撑组织却相应较多，结果导致乳房塌陷，造成乳房下垂。

56. 哺乳期用药禁忌有哪些？

中药炒麦芽、花椒、芒硝等，西药左旋多巴、麦角新碱、雌激素、维生素 B_6、阿托品类和利尿药物，这些药能使母亲退乳，故母亲在哺乳期中不可轻易服用。

青霉素族抗生素：包括青霉素、新青霉素Ⅱ、新青霉素Ⅲ、氨苄西林等各种青霉素。这类药很少进入乳汁，但在个别情况下可引起乳儿过敏反应，应予以注意。

磺胺类药物：复方新诺明、磺胺异恶唑、磺胺密啶、磺胺甲基异噁唑、磺胺林、磺胺脒、丙磺舒、双嘧啶片、磺胺间甲氧嘧啶、甲氧苄啶、琥珀磺、胺噻唑等。这类药物属弱酸性，不易进入乳汁，对乳儿无明显的不良影响。但是，鉴于乳儿药物代谢酶系统发育不完善，肝脏解毒功能差，即使少量药物被吸收到婴儿体内，也能产生有害影响，导致血浆内游离胆红素增多，可使某些缺少葡萄糖-6-磷酸脱氢酶的乳幼儿发生溶血性贫血，所以，在哺乳期不宜长期、大量使用，尤其是长效磺胺制剂，更应该限制。

异烟肼（雷米封）：对乳儿尚无肯定的不良作用，但由于抗结核需长期使用，为避免对乳儿产生不良影响，最好改用其他药物或停止哺乳。

甲硝唑：为广谱抗菌药，对乳儿的损害尚未确定，应慎用。

氯霉素：乳儿，特别是新生儿，肝脏解毒功能尚未健全，若通过乳汁摄入氯霉素，容易发生乳儿中毒，抑制骨髓功能，引起白细胞减少甚至引起致命的灰婴综合征，应禁用。

四环素和多西环素。这两种药都是脂溶性药，易进入乳汁。特别四环素可使乳儿牙齿受损、珐琅质发育不全，引起永久性的牙齿发黄，并使乳幼儿出现黄疸，所以也应禁用。

氨基比林及含氨基比林的药物。如索米痛片、阿尼利定等，能很快进入乳汁，应忌用。

硫酸阿托品、硫酸庆大霉素、硫酸链霉素等药物在乳汁中浓度比较高，可使婴儿听力降低，应忌用。

抗甲状腺药物：甲硫氧嘧啶可以由母及子而抑制乳儿的甲状腺功能，口服硫脲嘧啶，可导致乳儿甲状腺肿和粒性白细胞缺乏症，故应禁用。

抗病毒药金刚烷胺，常有医生将它开给病人抗感冒。哺乳母亲服此药后，可致乳儿呕吐、皮疹和尿潴留，禁用。

哺乳母亲患了癌瘤，应停止哺乳，否则抗癌药随乳汁入乳儿体内会引起骨髓受抑制，出现粒性白细胞减少。

需用抗凝血药时，不能用肝素，以免引起新生儿凝血机制障碍，发生出血。以用双香豆素乙酯为宜。

皮质激素类、黄体激素类、新生霉素和呋喃咀啶应禁用，否则使乳儿发生黄疸或加重黄疸、溶血等。

哺乳妇女应禁用利尿剂(如氢氯噻嗪、呋塞米等)和作用猛烈的泻药。

水杨酸类药物在产前服用，可使产妇的产程延长，产后出血增多，新生儿也发生出血。若在哺乳期服用，则可使哺乳婴儿出现黄疸，故应慎用。

溴化物是通过血浆进入乳汁，哺乳期服用此药，婴儿可出现嗜睡状态，有的婴儿还出现皮疹，故应慎用。

镇静药中如苯巴比妥、异戊巴比妥等通过血浆乳汁屏障后，在婴儿肝脏及脑内浓度较高，长期用药时一旦停药则婴儿可出现停药反应，表现为不安定、睡眠时有惊扰、过多啼哭及抖动等。安定也可通过乳汁进入婴儿体内，使婴儿嗜睡、吸吮力下降，因婴儿排泄药物较慢，此种药物作用可持续一周之久。故哺乳期妇女不可服用镇静药。

缓泻药应忌用。迄今还没发现既不被吸收又能改变大便性状的理想药物，像较常用的鼠美季皮等缓泻药必可转移到乳汁使婴儿腹泻。

口服避孕药可有 1.1% 的药量移向乳汁，但已失去避孕药中雌激素的活性，对哺乳儿无直接毒性反应。可是药物能直接作用母体，使母乳分泌减少，并影响母乳成分，使母乳中蛋白质、脂肪、钙质减少。因此，哺乳期不宜服用避孕药。

57. 二胎喂奶会加重乳房下垂吗？如何预防？

女性在哺乳期后发生的乳房下垂，其下垂程度和妊娠、哺乳的次数有关，这主要是因为哺乳期后，女性乳房内腺泡萎缩，原间质中的纤维结缔组织由于在妊娠末期和哺乳期被乳汁充盈而延伸、拉长，这种情况在停止哺乳后，纤维结缔组织回缩不全，相对延长，所以，会使乳房松弛而下垂。预防乳房下垂，需要合理喂养，按需哺乳，每次都要让婴儿把两边乳房的奶水都吸完，避免胀奶；由于哺乳期乳房体积增大，应选择哺乳期专用的胸罩来承托乳房，避免乳房过重而引起下垂。喂乳时四只手指并拢托住乳房下围，既可以预防乳房下垂又可以使婴儿吮吸时更加通畅；适当进行扩胸运动，或进行乳房按摩。且喂奶时间不宜太长，一般以 1 岁左右为最佳时间，过长时间哺乳会加重乳房萎缩及下垂。

58. 头胎子宫切口愈合不良，二胎剖宫产后应如何防治？

头胎子宫切口愈合不良，对于本次剖宫产切口的愈合情况影响如何没有相关的科学依据。对于防治二胎剖宫产后子宫切口愈合不良，医生和产妇都有相当大的责任。

(1)正确掌握剖宫产指征及手术时机，提高剖宫产手术质量及缝合技巧是防止手术并发症的关键。子宫切口肌层单层连续锁边缝合，切口止血彻底，局部组织不增厚，缝合后的切口边缘对合整齐，可减少组织局部的创伤及缝线对组织的刺激作用，有利于组织的血液循环，减少缝合层次，可缩短手术时间，减少切口感染机会。

(2)重视急诊剖宫产，对宫口开全或滞产者，应充分估计术中可能出现的问题，并制定相关策略，防患于未然。防治子宫切口撕裂，切口切忌过低。取头要稳、准、轻。因切口裂伤边缘不齐，部分组织回缩，造成漏缝，止血不彻底形成血肿。过多过密的盲目缝扎止血影响切口愈合。

(3)术后增加营养,提高机体抵抗力。施行围术期用药(术前或术中应用),以预防感染发生。对有感染或感染可能者,及时选用广谱抗生素及抗厌氧菌药物治疗。

(4)加强孕期及产褥期卫生宣教,避免妊娠末期和产褥期性交而造成感染。

59. 二胎产后如何预防乳腺炎?

乳腺炎临床是非常常见的,生育以后几天就有可能出现局部的硬结,有一部分人是跟怀孕之前局部的乳腺增生有关,局部有增生结节的人乳腺管不通情况特别明显,乳腺管淤积不通就会成为细菌的培养基,会成为乳腺炎原始的症结。预防乳腺炎通畅要做到以下几点。

(1)哺乳期应保持乳头清洁,每次喂完奶应将乳汁吸空。如吸不空或有奶胀感,应用手挤或用吸乳器排空。乳汁淤积是引发乳腺炎的重要因素,一定要保持乳汁通畅。

(2)哺乳后应清洗乳头,乳头如有破损皲裂,应及时治疗,注意婴儿口腔卫生,及时治疗其口腔炎症。

(3)养成定时哺乳习惯,不让婴儿含乳头睡觉。每次哺乳应将乳汁吸空,如有淤积,可借助吸乳器或按摩帮助排出乳汁。

(4)少吃有刺激性的食物,如葱、姜、蒜等。中医认为,急性乳腺炎是由于内有蕴热、热毒壅结而成。因此在饮食上要少吃热性食物,以免助火生疮。

(5)常作自我按摩,要养成自我按摩乳房的习惯。方法:一手用热毛巾托住乳房,另一手放在乳房的上侧,以顺时针方向转向按摩。如果乳房感到胀痛,或者乳房上有肿块时,手法可以重一些。在自我按摩的同时,可稍用力挤压乳房,把乳汁从乳头挤出,反复几次后,乳腺管就通畅了。一般每天按摩 1 次,每次 15～20 分钟。

60. 急性乳腺炎能喂奶吗？

当女性哺乳时发现乳房局部有发热、肿胀或疼痛症状，就很可能是患了乳腺炎。乳腺炎一般情况下不会感染乳汁，因此可以继续哺乳不受影响。如果停止哺乳会加重乳腺炎症状。如果女性因为病痛不愿意喂有乳腺炎的一侧乳房，那么可以继续哺乳健康的一侧乳房。如果出现乳房脓肿并做了切开引流，只要引流管离乳晕有一定距离也可以继续哺乳不影响。也可以暂时将患病一侧的乳房断奶，将乳汁挤出后丢弃，等乳腺炎治愈后再喂奶。

女性如果患上了乳腺炎，可以通过外敷热毛巾和涂抹药膏来达到自我护理的目的。若是乳头感染、破皮，可以用奶水加以擦拭，或使用医师开的乳头药膏。为防止宝宝吃到药膏，应选择哺喂后再上药，或是哺喂前先用清水清洁乳头。

61. 二胎产后能治疗头胎落下的月子病吗？

这个观念没有相关的科学根据。女性生产后，元气受到损伤，需要1个月的时间来调理，用母鸡、红糖等来补充营养，恢复元气，防止风寒湿对身体的侵害。对于一胎产后引起的足跟痛、头痛等产后病，如果在二胎能调养好的话，那些症状会消失。建议多休息，多注意营养，严格遵照产后的饮食起居调养。月子病调养包括食养和心养，关键就是以内养外，调理气血，从而达到根治的目的。

62. 什么是产后抑郁症？

产后抑郁症是指产妇在分娩后出现的抑郁障碍。其表现与其他抑郁障碍相同，情绪低落、快感缺乏、悲伤哭泣、担心多虑、胆小害怕、烦躁不安、易激惹发火，严重时失去生活自理和照顾婴儿的能力，悲观绝望、自伤自杀。如能早期识别，积极治疗，预后良好。妇女在怀孕和生产期间，伴随生理、心理及环境的一系列变化，产后精神卫生问题非常常见，其中产后抑郁是最常见的一种。在分娩后的第一周，50%～75%的女性出现轻度抑郁症状，10%～15%患产后抑郁症，产后1个月内抑郁障碍的发病率是未分娩女性的3倍。临床表现如下。

产后心绪不良：分娩的3～7天发病，症状较轻，主要表现为情绪不稳、沮丧爱哭、担心多虑、委屈、内疚、失眠、食欲下降、易发怒、注意力不集中，产后10～14天内可自行缓解。

产后抑郁症：分娩后4周内发病，情绪低落、郁闷，高兴不起来；没有愉快感，对什么都没兴趣；心情烦躁，易激动发脾气；担心多虑，紧张恐惧，过分关心或担心孩子，或对孩子缺乏兴趣，担心养不活孩子，害怕自己伤害孩子，害怕与孩子两人单独在家，失眠，食欲下降，不能照料自己和孩子；悲观绝望、无助感、无望感、自责自罪、自伤自杀的观念和行为，严重时因担心孩子在世界上受苦，出现利他性自杀，即先将孩子杀害而后自杀。

63. 为什么会得产后抑郁症？

产后母体激素水平的急剧变化是发生产后抑郁症的一个重要方面。在妊娠期间，孕妇体内长时间的雌激素和孕激素水平升高，雌激素具有多种神经调节功能，分娩后雌激素突然撤退，雌激素的波动及持续的雌激素缺乏可能导致情绪抑郁；妊娠期间甲状腺功能受到多种因素的影响，分娩后甲状腺激素水平也随之变化，甲状腺功能紊乱也与产后抑郁相关。其次，中枢神经递质代谢异常和相应受体功能改变，既往有抑郁发作史是重要的危险因素。

心理社会因素与产后抑郁的发生密切相关，主要涉及不良的生活事件、缺乏良好的社会支持、分娩前恐惧、分娩并发症、夫妻关系不融洽、婆媳关系不融洽、家庭经济紧张、孩子喂养方式、体质较弱或神经质特点、高龄产妇、孕期健康教育缺乏等。

64. 产后抑郁症应该怎样调护和治疗？

产后抑郁症应尽可能早期识别、早期治疗、足量足疗程。轻中度抑郁可采用心理治疗，如果持续两周，且症状越来越重，一定要采用药物治疗或药物治疗合并心理治疗。

负性生活事件与产后抑郁密切相关。产妇经历了孕育、分娩、照顾婴儿的几个阶段，要面临生活方式和心理模式的重大改变，要面对更多的心理社会和婚姻问题。可从以下几方面进行干预：①向病人和家属宣传妊娠、分娩、育婴和孕产妇疾病知识，减轻孕产妇对妊娠、分娩和育婴的紧张恐惧心理，争取家属的支持和帮助。②识别和改善病人不良的认知模式、情绪和行为模式，如对人、对事、对己、对社会，过度从否定、悲观、负面的角度看问题，自卑或自尊心过强，在挫折和困难面前不能对自身和周围环境做出客观评价。③培养乐观、积极、健康的性格，引导病人采用积极的认知模式、情绪和行为模式，提高对环境的适应能力，避免不良的行为模式，如冲动盲目、不顾后果、孤僻离群、独处锁居，缺乏必要的沟通和社会交往等。④调整婚姻家庭中不利的心理因素，提供危机干预。⑤产妇自己做好生活方式调适和心理调适，配偶和家人要多给予理解、关心和支持，共同采取积极的应对模式，尽量避免和减低不良应激的影响，使产妇保持良好的心态。